혼자 일어서는 인생은 없다

혼자 일어서는 인생은 없다

태평양에서 일군 성공기업의 비밀, 관계 협업

2022년 7월 15일 초판 1쇄 인쇄
2022년 7월 20일 초판 1쇄 발행

펴 낸 이 김영애
기   획 이진아콘텐츠컬렉션
지 은 이 임정호
편   집 김배경
디 자 인 엄인향

펴 낸 곳 SniFactory (에스앤아이팩토리)
등   록 2013년 6월 30일 | 제2013-000136호
주   소 서울강남구 삼성로 96길 6 엘지트윈텔1차 1210호
         http://www.snifactory.com | dahal@dahal.co.kr
전   화 02-517-9385
팩   스 02-517-9386

ISBN 979-11-91656-19-0(03320)
ⓒ 임정호, 2022

값 17,000원

다할미디어는 SniFactory(에스앤아이팩토리)의 출판 브랜드입니다.

태평양에서 일군 성공기업의 비밀, 관계 협업

혼자 일어서는
인생은 없다

임정호 지음

다홀미디어

나의 꿈이 만들어낸 땅에서
청춘에 고함

누군가의 삶을 숫자로만 설명하기는 어렵지만, 나는 외로움과 싸우며 살아온 햇수가 45년, 낯선 타국 땅에서 맨땅에 헤딩하며 살아온 햇수가 30년이다. 내 삶을 간단히 소개할 때 '외로움'과 '해외에서 살아남기', 이 두 가지를 든다.

외롭지 않은 때란 없다

내가 외롭지 않았던 시기는 태어나서 딱 10년 정도였다.

아홉 살 때 아버님이 돌아가시고 어머님이 재혼을 하셨으나, 내가 함께 살기를 거부했다. 어머니가 미워서는 아니었고, 단지 '새아빠'라는 낯선 이와 함께 살아간다는 것이 싫었기 때문이다. 그 후 동생과 함께 잠시 할아버지와 살았지만, 그리 오래지 않아 나와 동생 단둘이 서울 청량리에서 살아갔다.

사회생활을 하면서도 외로움을 벗어나기는 힘들었다. 변변치 않은 학력으로 대기업에 들어갈 수는 있었지만 미래가 꽉 막힌 느낌이었다. 좋은 대학을 나온 사람들은 저만치 앞서 나가 장래를 보장 받은 것 같았고, 나는 아무리 노력해도 조만간 파도에 뒤집힐 통통배를 타고 있는 느낌이었다. 좀 더 큰 물에서 놀고 싶고 회사에서 인정을 받을까 싶어 해외근무도 생각해봤다. 하지만 막상 갈 수 있는 곳은 파푸아뉴기니 원목 벌채 현장뿐이었다. 우리나라로 따지면 1960년대 수준이었는데, 문명화가 덜 된 곳도 있을 정도로 열악한 환경이었다. 숲속 깊은 곳으로 들어가면 BBC 다큐멘터리에나 나올 법한 원시 부족들이 살고 있었다. 차라리 한국에서 통통배를 타는 신세가 낫지, 이건 파도 위에서 낙엽 한 장에 몸을 의지하는 격이었다. 그럼에도 파푸아뉴기니는 내가 할 수 있는 최선의 선택이었다. 그리고 그곳에서도 역시 나는 외로움과 한 몸이 되어서 살아가야 했다.

　해외에서 몸이 아프면 외로움은 쓰나미가 된다. 말라리아에 걸려 수건을 악물고 있지 않으면 이빨이 부서질 정도로 덜덜 거려도, 막상 입을 수건으로 틀어막아주는 손은 내 손뿐이었다. '외로움이 뼛속에 사무친다'는 말은 알고 있었지만, 그때 내가 느낀 외로움은 정말로 차원이 다른, 뼈를 때리는 고통이었다. 그러면 지금은 외롭지 않을까? 삶에서 외롭지 않은 때란 없지만, 이제 세월이 흘러 외로움을 다루는 방식을 확실하게 깨달았다. 외로움은 결코 누구도 패배하게 하지 않는다. 외로움을 대하는 자세로 인해 패배할 뿐이다.

　파푸아뉴기니에서 처음으로 시작된 해외 생활은 호주로 이어졌고, 다시 파푸아뉴기니와 호주를 오가는 생활을 반복했다. 잠시 한국에서 지낸 때도 있었지만, 그때마저 베트남, 필리핀, 말레이시아에 수시로 출장을 갔다.

　1999년, 회사에 사표를 던진 후 호주에 가기로 결정했다. 구체적인 목표는 없었지만, 이제까지 해외 생활을 하며 쌓은 자신감만은 두둑했다. 가진 돈이 많았느냐고 하면 그것도 아니다. 한국 돈 500만 원이 전부였다. 지금으로부터 20년 전이니까, 지금의 한국 돈으로 치면 1,500만 원 정도 될 것이다.

하지만 아무리 그래도 이민을 간다면서, 그리고 현지에서 사업을 하겠다면서 1,500만 원을 들고 간다는 것은 무모한 도전이었다. 특히 이미 오래 전 호주에 정착한 지인마저 결사반대를 했다. 이민생활이 얼마나 혹독한지 아느냐, 돈벌이가 얼마나 어려운지 아느냐는 이유였다. 하지만 그런 만류도 내 결심을 바꾸지는 못했다.

'제로'에서 출발해 한계를 넘기까지

외로움을 견디는 것과 맨땅에 헤딩하기는 공통점이 있다. 바로 제로(0)에서 시작한다는 점이다. 외로움은 나라는 사람 이외에 교류하는 사람이 제로이고, 맨땅에 헤딩하기도 나 자신 외에는 사업적으로 나를 도와줄 사람이 제로이기 때문이다. 가진 것도 없고, 아는 사람도 없다는 사실은 더 많은 실패와 한계, 시행착오에 노출된다는 것을 의미한다. 나 역시 그러한 길을 걸어왔다. 되돌아보면, 내가 호주에서 건축업을 시작하고 어느 정도 자리 잡기까지의 전 과정은 수많은 난관의 연속이었다. 물론 당시에는 작은 일에서 성취를 느꼈고, 때로는 성공의 문턱을 넘고 있다는 생각이 들기도 했다. 하지만 결정적으로 정말 내가 원했던 원대한 꿈은 이루지 못했고 당시에 느낀 좌절감은 말로 표현하기가 힘들 정도다.

내 청춘을 모조리 갈아바친 그 꿈은 바로 '전 세계 바이오 에탄올의 대부ᄎ؈'가 되는 것이었다. 바이오 에탄올은 농작물로 만들 수 있는 친환경 원료의 하나라고 보면 된다. 이 바이오 에탄올은 디젤이나 석유를 대체하기 때문에 자연에 의해 만들어진 '바이오 연료'가 될 수 있다. 환경을 오염시키지 않으면서도 자동차를 비롯한 수많은 동력장치에 사용할 수 있기 때문에 사용 분야가 무한대라고 해도 과언이 아니다. 엄청난 부를 창출할 수 있는 것은 물론이거니와 내 젊음을 바치기에 충분히 의미와 가치가 있는 일이라고 여겨졌다. 파푸아뉴기니에서 일할 때 이러한 가능성을 발견한 후, 한국의 대기업과 파트너십을 맺는 쾌거를 이루었고 심지어 파푸아뉴기니 정부로부터 여의도의 26배에 달하는 엄청난 토지를 제공받는 '사건'을 만들어 냈다. 거기다 향후 40년간 오로지 나만이 바이오 에탄올 사업을 할 수 있는 독점권까지 부여받았다. 한국인으로서 최초인 것은 물론이고, 파푸아뉴기니 정부의 전무후무한 거대 프로젝트였기 때문에 당시 『중앙일보』에 기사

화됐을 정도다. 그때 꿈 꾼 것이 있다.

'이곳은 나의 꿈이 만들어낸 땅이며, 내가 서있는 바로 여기까지가 대한민국이다! 이제 나는 전 세계를 누비는 글로벌 부자가 될 것이다!'

하지만 뼛속까지 사무친 외로움을 이겨내고 맨땅에 헤딩하기를 수백 번 반복했음에도 불구하고, 그 꿈은 이뤄지지 않았다. 자금이 제대로 돌지 않아 나는 사기꾼에 가까운 취급을 받아야 했고, 한국에서는 '횡령범'이라는 오명을 쓰기도 했다. 모든 것이 수포로 돌아간 후 자살까지 기도했지만, 그마저도 성공하지 못했다.

그러나 그 모든 과정은 나에게 더 새로운 기회를 주었고, 과거의 나를 한층 발전시킬 수 있는 계기가 되었다. 중요한 사실은 이러한 외로움을 이겨내는 과정, 그리고 나만의 길을 찾아가는 무모한 실행력이 결국, 주어진 한계를 뛰어 넘어 실패를 이겨내고 성공을 향해 돌진하는 힘을 기르도록 했다는 점이다.

다시 일어날 수 있었던 동력들

경제적인 부가 성공의 절대적 기준이 될 수는 없지만, 그래도 부를 제외하고 성공을 논하기는 어렵다. 지금의 나는 연매출 500억 원대의 건축회사를 운영하고 있으며, 총 32명 정도의 직원과 함께 일하고 있다. 건축회사라면 대체로 수주를 위해 영업을 많이 해야 한다고 생각하겠지만, 우리 회사의 경우 영업은 거의 하지 않는다. 오히려 의뢰 들어오는 일이 많아 그중에서 골라서 하는 수준이다.

주말에는 언제든 바다 위에 떠 있는 요트에서 시드니의 하버브리지와 오페라하우스를 바라볼 수 있다. 친구들과 함께 하는 요트에서의 삼겹살 구이는 설명할 필요가 없는 천상의 맛이다. 주중에는 바쁘지만, 때로는 드넓은 축구장에서 친구들과 축구를 하며, 인도, 중동, 중국, 호주 출신 사업 파트너들과 함께 일을 해나가고 있다. 코로나19가 전 세계를 휩쓴 때에도 변함없이 많은 일을 했고, 오히려 다른 때보다 좀 더 풍족하고 여유로운 삶을 살아가고 있다.

특별한 전문 기술도 없고, 돈도 없고, 아는 사람도 없던 내가 그 모든 외로움을 이겨내고 한계를 돌파할 수 있었던 것은 두 가지 덕분이었다. 첫 번째는 그 지난한 삶의 과정에서 일어나는 수많은 부정적 감정을 다루는 능력이고, 두 번째는 사람들과 관계의 탑을 쌓고 그들과 함께 성장해온 '관계 협업의 힘'이다.

부정적인 감정을 제대로 처리해 내는 능력은 수많은 현실적 타격과 충격 속에서도 결코 뒷걸음질 치거나 포기하지 않는 힘을 길러주었다. 그때마다 다시 일어서서 한 발짝 더 나아갈 수 있는 전진의 동력이었다. 이런 힘이 없었다면, 아마도 호주에서 누리는 지금의 삶은 꿈도 꿀 수 없었을 것이다. 두번째인 관계 협업은 내가 한 사회에서 인정받고 교류하고 협력하면서 그들과 하나의 단일한 대오를 만들어 성공의 발판을 닦을 수 있는 기반이 되었다. 관계 협업을 한마디로 정의한다면, '마음을 열고 관계를 맺으며 협력과 상생의 자세로 새로운 일에 도전하고자 하는 자세'라고 볼 수 있을 것이다. 이 두 가지를 실천에 옮기는 것은 쉽지 않을 수도 있지만, 누구나 해볼 수 있는 것이다. 자신의 꿈에 대한 열정과 새로운 미래를 개척하겠다는 뜨거운 마음이 있다면 어쩌면 매우 쉬운 것들인지도 모른다. 나 정도의 사람도 해낸 것이니, 이 책을 읽는 독자들 역시 충분히 해낼 수 있을 것으로 믿는다.

청년의 꿈을 응원하며

외국에 있다 보면 한국 청년들이 정말 똑똑하다는 것을 많이 느낀다. 머리만 좋은 게 아니라, 인성도 좋고, 타인을 배려하는 기술도 뛰어나다. 유교적 전통에 수준 높은 교육이 만들어낸 합리성, 트렌디한 감성까지 겸하고 있으니 '매우 스마트한 청년'들이라고 해도 과언이 아니다. 아쉬운 게 있다면 인생을 살아가는 장기적인 관점과 내면의 감성, 그리고 관계 협업을 활용하는 능력이다. 거기다 사회적 여건도 청년들에게는 썩 좋지 않아 일자리 부족 문제를 비롯해 원하고 꿈꾸는 삶에 다가가기에는 너무도 척박한 환경이다. 이제 한국도 많이 발전해서 세계 10대 경제강국에 들어가지만, 아쉬운 점은 여전히 한국에서는 '남과 비교당하는 삶'을 살아야 한다는 점이다. 바로 이것이 자유롭게 살아가고 싶은 많은 청년들을 고민에 빠뜨리고, 또 인생의 항로 자체를 불만족스럽게 만들기도 한다. 합리적인 이유도 없이 나의 선택이 존중받지 못하고, 내가 살아가는 방법이 누군가에게 '험담 거리'가 된다면, '의문의 1패'가 계속되는 삶의 여정일 수밖에 없다.

이 때문에 나는 호주에서의 삶을 소개하고 호주로의 취업을 적극 권하고 싶다. 또한 꼭 호주 이민을 염두에 두지 않더라도 외로움에 지친 청년에게는 치유의 한 방법을, 맨땅에 헤딩하는 청년들에게는 제로를 플러스(+) 넘치는 삶으로 어떻게 바꿀 수 있는지에 관한 조그만 지혜를 나눠주고 싶다.

지금 자신의 인생이 밑바닥이라는 생각이 든다면, 그것은 아마 23년 전 호주로 떠나는 나의 모습과 닮아있을 것이다. 내가 살아왔던 수많은 나날의 경험에서 우러나온 조언이 청년들에게 도움이 됐으면 좋겠다. 이제 전 세계적으로 한국과 한국인에 대한 이미지와 위상이 과거와는 비교할 수 없을 정도로 높아졌다. 이곳 호주에서도 〈오징어 게임〉 하나만으로 한국인에 대한 마음의 문이 열린다.

팬데믹도 반드시 끝나게 되어 있다. 그날을 기다리며 어두움 속에서도 밝은 희망을 꿈꾸는 청년의 미래에 나의 책이 조그만 도움이 될 수 있기를 기대한다.

2022년 7월
시드니에서
임정호

PART 2
마음을 다스리는 기술

PART 3
외로움도 능력이 된다

PART 4
성공으로 가는 비결, 관계 협업

남자는 어릴 때 아버지를 잃고
인삼밭에서 일하며 용돈을 벌 정도로
어려운 환경에서 자랐습니다.

어른이 돼서도 내세울 것 없는 학벌,
변변찮은 배경으로 주눅이 들곤 했지요.
아무리 열심히 노력해도 성공의 문턱은
한없이 높다는 것을 실감했습니다.

용기를 내서 자처한 해외근무.
새로운 곳에서라면
성공의 기회가 열릴 것 같았으니까요.

파푸아뉴기니는 말도 통하지 않고 낯설기만 했습니다.
무엇보다 견디기 힘든 것은 외로움이었어요.
묵묵히 일하던 남자에게 마침내 기회가 찾아왔습니다.
바로 바이오 연료가 될 수 있는 '타피오카'였습니다.

현지인들에게는 너무 흔해 가치가 없었지만,
남자에게는 도전의 대상이었지요.

남자는 열정을 다해 사업을 일구었지만
결과는 실패로 돌아갔습니다.

극단적인 선택까지 치달았던 남자는
다시 일어나기로 마음을 먹고 제2의 고향,
호주로 이주합니다.
그리고 새롭게 시작한 건축 사업.

"재기는 나 혼자만의 힘으로 이뤄진 것이 아닙니다.
내가 조금만 마음을 열면,
나를 도와주고 기회를 주는 사람들이 나타난답니다."

타인과 관계 맺기를 두려워하지 않고
나의 열정과 가능성을 보여주기.
서로 마음이 통하면
힘을 모아 함께 성장할 수 있으니까요.

다음 세대를 이끌고 갈 소중한 청년들에게 남자는 말합니다.

"결핍과 외로움은 인생의 디폴트다!"

결핍을 넘어 자기만의 길을 찾으며 성장해나가는 것.
청춘에게 필요한 것은 꿈과 용기입니다.

PART

1

한계에 부딪힐 때가
성장할 때입니다

'하루 종일 햇볕만 쨍쨍 비춘다면, 그곳은 바로 사람이 살아가기 힘든 사막이다'라는 말이 있다. 많은 사람이 비 오는 우중충한 날보다는 당연히 햇볕이 잘 비치는 맑은 날을 좋아하지만, 그렇다고 계속 맑은 날만 있어서는 안 된다.

그간 살아오면서 나는 수많은 우중충한 날들과 한계 상황에 맞닥뜨렸으며, 그럴 때마다 어깨 처지는 경험과 뼈아픈 좌절도 느껴야만 했다. 하지만 어느 순간부터는 그 한계를 겪어봐야 이겨낼 힘도 낼 수 있고, 바로 그것이 성공으로 가는 유력한 길이라는 사실을 깨닫게 됐다. 뛰다가 넘어져본 사람만이 정말로 잘 뛰는 방법을 알아가는 것과 마찬가지다. 만약 지금 자신의 하루하루가 우중충하고 사방이 꽉 막힌 벽처럼 느껴진다면, 발전과 성장이 바로 코앞에 와있다고 보면 된다. 그것을 넘어서는 순간, 인생의 새로운 장이 열리기 때문이다.

해석만으로도
한계를 뛰어넘는다

출세까지는 바라지 않아도, 해외 근무를 한번 하고 나면 회사에서 더 나은 대우를 받을 것이라는 부푼 꿈을 안고 도착한 파푸아뉴기니였다. 바야흐로 1990년대 중반이었다. 현지인들의 순박한 매력도 흥미로웠고, 때로는 현대 문명인처럼 순화되지 않은 거친 모습이 생소하면서도 재미있었다. 문제는 내가 파푸아뉴기니에 관광 온 것이 아니라 일을 하러 왔다는 것이었다.

내가 처한 상황이 어떤지를 파악하는 일은 매우 중요하다. 또 나와 함께 하는 사람이 어느 정도 수준인지를 아는 것도 반드시 필요하다. 누구도 혼자 살아가거나 일할 수 없는 만큼, 자신의 상황과 주변 사람이 미치는 영향은 지대하다. 이럴 경우, 우리 대부분은 '여건과 조건이 좋은 사람을 만났으면' 하는 희망을 가지게 된다. 다른 사람의 능력이 뛰어나면 나 역시 그에 맞추기 위해 노력할 것이고, 그러다 보면 함께 발전하게 되는 것은 당연한 이치다. 그런데 안타깝게도 이런 바람과는 정반대의 일이 생기곤 한다. 파푸아뉴기니에서 내가 처한 환경이 그랬다.

밀려드는 불통의 파도

그들의 매우 낮은 교육 수준은 함께 일을 할 수 없는 지경이었다. 의사소통이 제대로 되지 않는것도 힘든데, 손짓 발짓으로 대강의 의사소통은 한다고 해도 고난도의 기획이나 관리, 회계 업무를 손짓 발짓으로 하는 건 불가능하기 때문이다. 선생님을 해본 적도 없는 내가 누군가에게 교육을 시키면서까지 일할 수는 없는 노릇이었다. 다시 밀려드는 고난의 파도였다.

어디 그것뿐이었을까. 외국 어디라도 웬만하면 아리랑TV

정도는 나오지만, 파푸아뉴기니는 그것조차도 존재하지 않는, 무료함이 지배하는 곳이었다. 그나마 현지방송이라도 틀어놓으면 웅성거리는 소리에 무료함이 가실까 생각했지만, 언어를 알아들을 수 없으니 조금 듣다 보면 소음도 그런 소음이 없다. 문화시설은 따질 수도 없다. 여유가 넘치는 카페, 사람 구경하는 재미가 있는 쇼핑몰, 호수가 있는 아름다운 공원 등은 상상할 수도 없는 상황이었다. 아마도 '해외 근무'라는 목표가 없었다면 서둘러 '탈출 계획'에 골몰했을 것이다.

그러나 사람의 생각과 감정은 목표가 바꾸는 법이다. 지금 내가 어떤 감정, 어떤 상태이든 내가 원했던 미래의 계획을 현재로 불러내 지금의 상황을 다시 바라봤다. 현지인들이 일을 못할 수준이라면 내가 하면 되지 않을까? 원가분석, 회계, 기획관리 등 현지인들에게 맡길 일을 차라리 내가 다 하기로 마음먹었다. 안 해 본 것을 하려고 할 때 두 가지 마음이 든다. '귀찮게 이걸 내가 왜 해야 돼?'라는 마음과 '까짓것 이 기회에 배워 놓지 뭐. 언젠간 써먹을 때가 있지 않겠어?'이다. 그러나 일단 후자로 탁, 마음을 먹고 나면 상황은 한결 손쉽게 풀려간다. 내 삶에서 가장 광범위하게 많은 일을 배웠던 때라면 단연 파푸아뉴기니 시절이었을 것이다.

환경이 아닌 해석의 힘

한번 하다 보니 그것도 재미가 붙는다. 마치 게임 레벨을 하나씩 올려가는 듯한 성취감마저 생겼다.

'안 될 줄 알았는데, 되긴 되는구나!'

자신감이 생기고, 자존감도 쌓여갔다. 다양한 일을 섭렵한 당시의 경험은 이후 창업에서도 큰 도움이 됐다.

아리랑TV도 없는 무료한 일과 후의 시간이었지만, 그마저도 바꿔보리라 결심했다. 차라리 공부나 하자! 그렇게 해서 하루 2시간씩 과외 교사를 구해 영어를 배우기 시작했고, 짧은 시간에 집중적으로 영어를 할 수 있게 됐다. 'TV도 없이 무료하게 도대체 뭘 하나' 대신 'TV가 없으니 영어 공부하기에 안성맞춤이네'라고 생각이 바뀐 것이다.

사람이 자신의 관점과 태도를 바꾸려고 마음먹으면 그것도 순식간이다. 누구를 원망하든, 무엇을 탓하든, 상황을 바꿀 수는 없다. 그렇다면 방법은 내가 바뀌는 것뿐이다. 혼자 일할 수밖에 없는 외로움, 퇴근 후 마땅한 문화생활도 할 수 없는 적막함도 결국 나의 선택에 따라 업무 능력을 키우고 영어에 집중할 수 있는 최적의 시간이 됐다. 특히, 당시에 처음 건축 일을 접하게 된 것은 지금까지 내 삶의 큰 원동력이 되어주었다.

파푸아뉴기니에서 농장을 관리하고 있을 때였다. 농장이라는 것이 워낙 넓은 면적일 뿐만 아니라 갖가지 일이 다 생기는 곳이다 보니 여기에 대비한 여러 장비가 필요하다. 포크레인은 물론이고 짐을 옮기는 지게차 정도는 기본이다. 이런 다양한 장비로 농장 안에 간단한 창고도 짓곤 했다. 엄밀히 말해 건축이라기보다 필요에 따라 임시방편으로 지은 것에 불과했다. 하지만 시작은 그랬는지 몰라도 일단 삽을 뜨다 보니 일의 규모가 점점 커졌다.

당시 파푸아뉴기니에서 LNG가 개발되면서 거대한 개발붐이 일었다. 미국의 엑슨모빌이라는 대형 회사가 3조 원의 엄청난 투자를 하면서 수많은 개발 인력이 파푸아뉴기니로 몰려들었다. 그러다 보니 그들이 숙식을 할 장소가 필요했던 모양이다. 처음에는 회사 차원에서 집을 빌려주었지만, 더 이상 감당이 안 되는 수준까지 도달했다. 직원들을 포함해 프로젝트에 관련된 사람은 계속 몰려드는데, 그에 맞춰 임대할 수 있는 집은 늘지 않았다. 그러니 결국 임대료만 천정부지로 솟아 올랐다. 지인들은 내가 간단한 건물을 짓는다는 사실을 알고 "개발인력이 거주할 수 있는 집을 지어달라"고 부탁해왔다. 그것도 한 군데가 아닌 무려 세 군데에서였다. 물론 이 일의 성과는 기대만큼 크지 않았지만, 어떻게든 내가 건축과 인연을 맺게 된 결정적인 계기가 됐다.

'적극적이다' 혹은 '수동적이다'라는 말은 무엇인가의 상태를 설명하는 말이지만, 그때 나는 내 마음을 적극적으로 선택할 수 있다는 사실을 알게 됐다. 마음의 근육에 딴딴하게 힘을 넣고, '해볼 수 있을 거야!'라고 생각하면서 모든 것을 유리한 쪽으로 해석한다. 어차피 바뀌는 것은 해석일 뿐이지만, 그것에 따라 나의 태도 전체가 노선을 변경한다. 그러면 귀찮은 감정이 정리되고, 목표로 향하는 길이 선명하게 드러난다. 이런 적극성은 선택의 문제일 뿐이다. 적극적으로 나서면 '적극적인 사람'이 되고, 적극적으로 하기 싫으니 그저 '수동적인 사람'이 되는 것이다.

환경이 나를 지배하는 것이 현실이다. 환경이 이미 설정해놓은 객관적인 한계까지 내가 바꿀 수는 없기 때문이다. 하지만 해석을 바꿀 수는 있다. 외로움은 내가 뭔가를 기획하고 실천할 수 있는 최적의 시간을 제공하며, 스스로 적극성을 선택해 무언가를 해볼 수 있는 마음의 여유까지 안겨준다. 이러한 자유로운 해석의 능력을 장착한다면, 외로움을 내 편으로 만드는 기초는 탄탄히 다진 셈이다.

꿈이 시작되는 곳에
난관도 있다

오래 전, 유명한 첼리스트인 장한나 씨가 한 언론에 기고한 글이 마음에 와 닿았다. 칼럼에서 그녀는 "만약 내가 첼로를 하지 않았다면 음악 속에 무궁무진한 깊이가 있는지 몰랐을 테고, 알려고 노력하지도 않았을 것 같다"고 말했다. 따지고 보면 우리가 살면서 하는 많은 일들이 이렇게 실천과 도전을 하고 나서야, 비로소 그것이 주는 깊은 의미와 환희를 알게 된다. 중요한 점은 바로 이렇게 뭔가에 도전하는 순간, 난관과 한계도 동시에 시작된다는 점이다. 첼로가 익숙해지기 전까지 끊임없는 연습으로 손가락이 아프고, 게으름을 이겨야 하며, 수많은 시간을 투자해야 한다. 결국,

'꿈에 대한 도전'이란, 사실상 '한계와 난관에 대한 도전'이라고 해야 맞다. '전 세계 바이오 에탄올의 대부가 되겠다'는 나의 꿈 역시, '대부'라는 말에 걸맞게 무수한 한계와 난관이 따랐다.

처음 만난 꿈의 작물, 타피오카

내가 이 바이오 에탄올에 대한 꿈을 꾸게 된 것은 직장 생활을 하던 중 첫 해외 파견지인 파푸아뉴기니에서 '타피오카 Tapioca'라는 작물을 만났기 때문이다. 일반적으로 타피오카는 사람들이 많이 알고 있는 작물은 아닌데, 그 이유는 대부분 산업용으로 사용되기 때문이다. 대표적으로 타피오카는 소주를 만들 때 원료용 주정으로 사용된다. 그런데 타피오카를 다른 방식으로 가공하면 바로 바이오 에탄올이 된다. 중요한 사실은 파푸아뉴기니에서 타피오카는 너무나 흔한 작물이라 정부 관계자들조차 이것이 산업용으로 쓰이는지 모른다는 점이다. 나도 처음에는 이런 사실을 전혀 알지 못했다.

이후 바이오 에탄올 사업에 과감히 도전한 때는 1998년,

IMF라는 거대한 쓰나미가 밀려온 당시였다. 대기업들이 줄줄이 무너지는 상황이었으며, 내가 몸담은 한라그룹 역시 위기로부터 자유롭지 못했다. 결국 나는 퇴사를 선택하고, 본격적으로 바이오 연료 사업이라는 거대한 꿈에 올인할 수 있었다. 그래도 직장생활을 8년이나 한 것이 본격적인 사업에 도움이 됐다. 전반적인 사무 행정은 물론이고 철강, 자동차부품, 가전제품 등의 무역까지 해봤기 때문에 이제 어느 정도는 독립적인 사업에도 자신감이 있던 때였다. 거기다 파푸아뉴기니에서 알고 지낸 공무원들이 이제는 말단이 아닌 중간급 이상의 직위에 올라가 있었기 때문에 도움을 받기도 수월했다.

그렇게 해서 다시 파푸아뉴기니로 향한 나는 또 다른 한국 대기업 계열사와 합작으로 일을 시작했다. 혼자 프리랜서로 일하기는 무리가 있어서 내가 현지에서 사업을 진행시키고, 계열사는 자금을 조달하거나 시스템적인 부분을 맡아주기로 했다. 그렇게 한국 대기업 계열사의 현지 법인장이 됐다.

가장 먼저 할 일은 부지를 마련하는 것이었다. 큰 부지를 확보하고 타피오카를 대량으로 길러낸 다음에 이를 바이오 에탄올로 만들려는 계획이었다. 하지만 나는 그런 대량의 부지를 매입할 돈이 없었다. 결국 정부를 설득해 무상 임대하는 방식으로 사업을 전개하기로 했다. 이른바 정부와의 '합작 사업'이었다.

난관의 연속

하지만 일을 시작하자마자 난관에 부딪혔다. 파푸아뉴기니는 전 국토의 97%가 현지 부족의 소유였기 때문이다. 어떻게 보면 국가를 설득하는 일보다 부족을 설득하는 것이 더 어려웠다. 하지만 끝없는 도전은 반드시 결과를 낳게 마련이다. 결국, 수도에서 2시간 가량 떨어진 곳에서 과거 농축산부가 추진하던 농장 사업 부지를 찾아냈다. 그 지역 가운데 강이 흐르고 있었기 때문에 말 그대로 '천혜의 입지'라 할 수 있었다. 땅을 소유한 부족들을 설득하는 데 무려 3년이나 걸렸다. 처음 일을 시작할 때에는 상상도 할 수 없는 노력과 시간이 필요했지만, 그 열매는 달고 달았다. 파푸아뉴기니 정부로부터 여의도의 26배에 달하는 엄청난 땅을 타피오카 재배 농지로 제공받았기 때문이다. 거기다 40년간 오로지 나만 바이오 연료 사업을 할 수 있는 독점권까지 얻었다. 이대로 계속

승승장구할 것만 같았다. 하지만 당시 내 꿈은 우여곡절 끝에 실패하고 말았다.

가장 큰 이유는 한국에서의 자금 지원이 원활하지 않았기 때문이다. 의기투합해서 사업을 시작했던 계열사에서 추가 투자가 순조롭지 않았고, 투자를 하겠다는 또 다른 대기업이 있었지만, 그마저도 본사 기획팀의 경험 미숙과 욕심으로 실패하고 말았다. 거기다 내가 진행하던 바이오 에탄올 사업 프로젝트에 불순한 의도로 접근해 농장 개발은 하지 않고 원목만 벌채하는 다른 개발업자들도 즐비해 있었다. 이런 사실이 알려지자 파푸아뉴기니 정부에서는 '국가조사위원회'라는 것을 꾸려 조사를 하기 시작했고, 사업은 당연히 좌초 위기를 겪었다. 나 역시 현지 조사위원회에 불려가 조사를 받았다. 이 사실을 보고받은 본사에서는 앞뒤 사정을 따지기보다 나를 나쁜 사람으로 몰아 현지 법인장 자격을 박탈하고 다른 팀이 사업을 이어가도록 하는 전략이 진행되고 있었다. 나는 '횡령' 혐의까지 뒤집어썼다. 내가 이런 결과를 위해 파푸아뉴기니에서 청춘을 보냈을 리는 없었다. 파푸아뉴기니와 바이오 에탄올 사업은 나의 모든 것이었다. 심한 상실감에 모멸감까지 더해져 끓어오르는 분노를 참을 길이 없었다.

영광스러운 상처들

나는 모든 것을 잃었다. 30대 중반에 처음 바이오 에탄올 대부가 되겠다는 꿈을 품은 뒤 무려 15년간 내 모든 것을 바친 노력이 물거품처럼 사라지고 말았다. 꿈이 사라지자 살아갈 이유조차 없어졌다.

다시 한국으로 돌아온 나는 우울한 삶을 이어갈 수밖에 없었고 결국 어느 날, 두꺼운 로프를 준비하고 처갓집 뒷마당으로 향했다. 죽기로 마음먹자 복잡한 심경도 다 사라졌다. 그저 내가 감당할 수 없을 정도로 커져버린 상실감을 끝낼 유일한 방법이자 기회가 자살이라고 생각될 뿐이었다. 높은 곳에 로프를 걸고 허공을 향해 뛰어내렸다.

눈을 떠보니 병원이었다. 나는 뼈가 으스러지고 장기가 파열된 채 한 켠에 쓰려져 있었고, 처남댁이 응급차를 불러 병원에 이송했다고 한다. 자살이라는 목적을 이루지 못한 것만큼이나 허망한 일도 없다. 차라리 자살을 시도하지 않았더라면 이렇게 몸이 아프지는 않을 것을. 죽지도 못하고 몸까지 망가진 상태는 더 절망스러웠다.

그러나 이 모든 괴로움과 난관, 그리고 고통은 다 나에게 꿈이 있었기 때문에 생긴 일이다. 꿈이 없었다면, 타피오카도, 에탄올도, 파푸아뉴기니 정부와의 협상도 없었을 것이다. 비록 좌절은 됐지만, 그것은 찬란한 도전이 남긴 영광스러운 흔적들이다. 그리고 모든 것을 잃어도 '도전하는 나'는 고스란히 남아 있었다.

2022년 호주, 이곳에서도 나는 '바이오 에탄올의 대부'라는 꿈을 향한 재도전을 이어나가고 있다. 어쩌면 그것은 절반의 실패이자 절반의 성공이며, 현재 진행형의 꿈이라고 볼 수 있을 것이다. 그러나 정말로 중요한 점은 그 꿈의 성공 여부보다는 꿈을 추구하는 과정에서 내가 단련하고 연마할 수 있었던 관계 협업 능력과 그 사이에 이뤄진 나의 또 다른 성장이다.

그리고 이런 에너지와 경험은 나에게 또 다른 길을 열어주었다. 지금 호주에서 탄탄하게 건축업을 할 수 있는 계기가 돼준 것이다. 거기다 에탄올에 대한 꿈은 아직도 놓지 않고 있으니, 어쩌면 나는 '실패를 통해 또 다른 꿈을 이룬 사람'이라고 볼 수 있을 것이다. 따라서 그 실패는 의미 있는 실패였으며, 새로운 도약을 위한 실패이기도 하다.

누구에게나 꿈을 꿀 권리와 그 꿈을 이룰 시간이 공평하게 주어져 있다. 그 실천을 하루 늦추면, 꿈이 이뤄지는 시간도 하루가 늦춰질 뿐이다. '아직 준비가 되지 않았다'는 말은 그저 핑계일 뿐이다. 불가능해 보이는 일도 하다 보면 방법이 생기고, 사람을 통해 도움을 얻을 수 있다. 당장 오늘부터라도 계획을 세우고 실천해 나가보자. 그리고 반드시 난관과 장애물이 닥치고 고통도 다가온다는 사실을 인정하자. 이렇게 시작부터 단단한 마음으로 꿈에 도전한다면, 분명 오늘과는 다르게 성장한 자신을 만날 수 있을 것이다.

내 생각을
밀고 나간다는 것

사회적인 관계를 온전히, 당당하게 하지 못하는 사람들의 공통점이 하나 있다. 그것은 바로 '나는 매우 소중한 사람'이라는 사실을 깨닫지 못한다는 점이다. 나 역시 회사를 포기하고 자살을 시도한 이후, 한동안 깊은 무력감에 시달리며 '나는 쓸모 없는 사람인가?'라고 생각하기도 했다. 이러한 생각은 매우 끈질기게 마음에 남아 나를 위축시키고 자신감을 떨어뜨렸다. 그러나 이런 '나의 가치'에 대해 내가 오해하고 있는 부분이 있었다. 이제까지 나는 나의 '능력'을 나의 가치로 생각하고 있었던 것이다. 설사 아무 능력이 없더라도 사람은 누구나 존재만으로 소중하고 특별한 가치가 있음에도 말이다.

존재하는 모든 것이 가치 있다

흔히 말하는 '갑질'을 하는 사람들은 오로지 경제적 능력으로 사람을 판단한다. 그래서 "못 사는 것들이…", "돈도 없는 것들이…"라는 말을 서슴없이 하는 것이다. 인간에게 주어지는 능력은 경제적인 능력만이 아니다. 예술을 하는 능력도 있고 관계를 잘 맺는 능력도 있고 누군가를 잘 도와주는 능력도 있다. 경제적 능력은 이런 여러 능력 가운데 한 갈래를 차지할 뿐이다. 모든 사람이 다 돈을 잘 버는 능력이 있을 수는 없다.

비단 갑질하는 사람만 아니라, 많은 사람들이 스스로 자신의 가치를 능력으로 입증해야 한다고 오해한다. "나는 남보다 가난하잖아", "나는 저 친구보다 공부를 못하잖아"라고 자책하며 자존감을 잃기 시작하면 그때부터는 무한 제로섬 게임에 들어가게 된다. 예를 들어 반에서 1등을 하는 학생이라도 전교 등수로 따지면 10등이 되고, 전국 10등을 기록한 최상위권이라도 자기 앞에 9명이나 있으니 '나는 아무개보다 공부를 못한다'는 비교의식과 열패감을 버리지 못한다. 경제적인 능력도 마찬가지다. 설사 내가 100억을 가지고 있다고 한들, 나보다 더 경제적 능력이 뛰어난 사람은 많다. 그러면 나는 또 다시 열등감을 느껴야만 한다.

'나의 능력이 나의 가치다'라는 생각에서 벗어나면 훨씬 자유로운 마음 상태가 된다. 내가 가진 것을 소중하게 여길 수 있고, 어떻게 그것을 남들과 조화롭게 발전시킬 수 있을지 생각할 수 있다. 누군가를 넘어서고 이기기 위한 마음이 아니라 부족한 것을 채워 조화로운 상태가 되고자 하는 마음. 나는 이러한 태도가 사회를 살아가는 데 무엇보다 중요하다고 생각한다.

누구나 자신의 가치를 모를 뿐, 가치가 없는 사람은 존재하지 않는다. 나는 '존재하는 모든 것이 가치가 있다'고 생각한다. 파푸아뉴기니의 숲속에 있으면서 그런 것을 느낄 수 있었다. 숲의 나무, 흙, 벌레, 강을 보면 정말로 모든 것 하나 하나가 필요한 것이고 가치가 있다. 심지어 사람들이 싫어하는 뱀이라고 해도 생태계 안에서 제 역할을 하고 있다. 사람은 두말할 필요도 없다. 이 세상에 태어난 것 자체가 이미 가치로운 일임에 틀림없다. 그런 점에서 자기의 가치를 물질적 능력으로 증명하려는 생각을 그만두어야 한다.

자기 자신을 사랑스럽고 소중하게 여기다 보면 자신의 능력도 조금씩 펼칠 수 있다. 자기의 가치를 인정하지 못하는 사람이 뛰어난 능력을 발휘하는 일은 좀처럼 일어나지 않는다. 아무리 옥토에 건강한 씨앗을 심어도 그 위를 콘크리트가 덮고 있으면 꽃이 자라겠는가? 자기의 가치를 인정하지 못하는 그 딱딱한 콘크리트 같은 마음을 걷어내야 비로서 재능의 꽃을 피울 수 있다.

모욕을 다루는 역발상

자존감과 자신감이 바닥을 칠 때도 함부로 의지를 굽히지 말고 내 신념을 있는 그대로 주장하는 일도 필요하다. 나는 이걸 '내 생각 밀고 나가기'라고 부른다. 이러한 밀고 나가기는 자신에 대한 주변의 평가에 다소 무심해지고, 심지를 굳게 하는 일이다.

어떤 사업가가 있었다. 그가 하는 사업에서 영업은 필수적인 일이었다. 그래서 매일 아침 구두끈을 질끈 졸라매고 눈에 보이는 사무실마다 무작정 찾아가 전단지를 나눠주고 홍보했다. 어떤 사람들은 "아침부터 재수없게 웬 잡상인이냐"며 타박을 했다. 심지어 그가 사무실을 나설 때 소금을 뿌린 적도 있다고 한다. 만약 내가 이런 일을 당한다면 어땠을까? 아마도 눈물이 핑 돌았을 것이다. 다시는 오지 말라며 누군가 내 뒤통수를 향해 소금을 뿌린다면 그만한 모욕도 없을 것 같다. 그런데 이 사업가의 대응은 달랐다. 주눅 들거나 자존심 상해하기는커녕 이렇게 중얼거렸다고 한다. "그래봐야 당신 소금 들지, 내 소금 드나?"

소금도 돈 주고 사는 것인데, 소금을 뿌리며 낭비하는 것이니 오히려 고소한 마음이 들었다는 것이다. 참으로 통쾌한 역발상이 아닐 수 없다. 내가 말하는 '밀고 나가기'란 이런 의미이다. 타인의 평가에 흔들리지 않고 자신이 원하는 것을 쟁취하는 것, 혹은 자신을 믿고 흔들림 없이 자신의 생각을 주장하고 묵묵히 자신의 삶을 살아가는 태도이다.

나 역시 과거에는 사람들에게 자랑할 만한 화려한 이력을 가지지 못한 것이 늘 아쉬웠다. 그렇다고 다시 과거로 돌아가거나 부족한 것을 아쉬워만 하며 살 수도 없는 노릇인데 말이다. 그래서 나는 다른 능력을 갖추고 나의 가치를 더욱 빛나게 했다. 그것이 바로 영어였다. 어차피 해외에서 생활할 생각인 데다가 영어를 잘하면 분명 현대인으로서 한 가지 특별한 능력을 갖추는 셈이니 마다할 이유가 없었다. 유창한 원어민 수준까지 바란 것은 아니지만, 죽기 살기로 열심히 했다. 그러자 영어를 통해 조금씩 맛보는 성취감에 내 스스로의 가치가 더해져 좀 더 단단한 자존감을 가지고 타인과의 관계도 건강하게 가꿀 수 있었다.

자신의 가치를 빛내는 수단은 비단 영어공부만이 아니다. 그것을 찾아내는 것은 각자의 몫일 것이다. 한번은 내 딸이 처음으로 아르바이트에 도전하며 나에게 물었다.

"아빠, 나 이거 잘 해낼 수 있을까?"

나는 딸에게 이렇게 말해주었다.

"너는 다른 사람들에게 친절하잖아? 그건 누구에게나 환영받는 장점이니까 자신감을 갖고 해봐!"

따지고 보면 친절이 별 건가. 하지만 내 딸에게는 분명 친절의 능력이 있었다. 이후 딸은 수월하게 아르바이트에 잘 적응하면서 사회에 첫발을 내디뎠다. 아마도 이런 소소한 성공 경험들이 모여 더 큰 성공을 향해 나아가는데 양분이 돼줄 것이다.

내가 존재하는 것 자체가 가치가 있다고 믿고, 누가 뭐래도 나 자신을 밀고 나가는 것. 그리고 내가 가진 작은 능력부터 개발시켜보는 것. 타인과 함께 하는 자신감 있는 삶이 시작되는 지점이 바로 여기일 것이다.

좌절한 곳에서
다시 희망 찾기

나이가 들수록 과거와는 다르게 점점
줄어드는 것을 하나 꼽으라면 단연 기대감이다. 사람에 대한
기대감도 그렇고, 일의 결과에 대한 기대감도 그렇다. 기대감
이 줄어드는 것은 실패에 대한 경험이 많거나 인간에 대한 기
대가 더 큰 실망을 가져오기 때문만은 아니다. 어떤 일을 하거
나 인간관계를 맺고 바라는 결과가 나오지 않을 때, 기대감의
높이 만큼이나 공허감이 깊게 패인다. 이런 상태에서는 주어
진 상황에 대처하기도 전에 내가 먼저 손을 쓸 수 없는 상태
가 돼버린다. 일을 너무 많이 해서 생기는 정신적 무력감인 번
아웃Burn Out도 있지만, 기대감이 너무 큰 나머지 공허감으로

에너지가 소진되는 것도 번아웃이라고 본다. 따라서 기대감
을 줄이면 의존성이 덜어져서 오히려 더 강한 맷집을 키울 수
있다.

한탄강에 널린 '돈' 줍기

초등학교 시절 처음으로 일을 시작한 곳은 인삼밭이었다.
어린 나이지만 용돈 정도는 벌 수 있었으니 일 하는 게 나쁘
지 않았다. 학교가 끝나면 늘 인삼밭에 일하러 갔고, 방학이
면 더 많은 시간을 인삼밭에서 보냈다.

거기서 멀지 않은 곳에 교외로 가는 기차역이 하나 있어
서, 일하는 도중 몇 번이고 기차가 드나드는 모습을 볼 수 있
었다. 어느 날 나와 처지가 비슷한 친구가 기차 역에서 여행객
들을 대상으로 물을 판다는 이야기를 들었다. 나도 한번 해
보자는 생각에 최초의 사업을 시도했다. 생각보다 물을 찾는
사람이 꽤 있다는 사실에 깜짝 놀랐다. 그때 처음으로 '사업
의 원리'를 깨달은 것 같다. 인삼밭에서의 노동은 시간이 정
해놓은 만큼의 임금만 받지만, 물은 팔면 팔리는 대로 돈을

많이 벌 수 있다는 사실을 알게 된 것이다. 어쩌면 퇴사 후 다시 회사에 입사하지 않고 나만의 사업을 시작할 수 있었던 것도 그런 원초적인 경험 때문은 아닐까 한다.

인삼밭에서 일도 하며 물을 팔고 있는데, 그 모습을 기특하게 봤는지 누군가 좋은 정보 하나를 알려주었다. 한탄강변에 가면 사람들이 마시고 버린 음료수 병이 많으니 그걸 수거해 팔면 돈이 될 거라는 내용이었다. 버려진 병만 주워도 돈이 된다고 하니 그리 어렵게 느껴지지도 않았다. 친구 몇몇과 계획을 짜고 한탄강까지 가는 기차에 몰래 탑승했다. 한탄강변에 도착하자 그곳은 정말로 신천지였다. 인삼과는 비교할 수 없을 정도로 싼 것들이지만, 나에게는 인삼만큼이나 소중한 빈 음료수 병들이 널려 있었다. 내 힘으로 돈을 벌 수 있겠다는 기대를 가득 품고 병을 수거해 친구들과 몇 포대씩 담았다. 이윽고 집으로 돌아가려는데 저 멀리서 호통 소리가 들렸다. 그곳 관리인들이었다. 알고 보니, 빈 음료수 병은 관리소에서 처리하기 때문에 가지고 갈 수 없다는 이야기였다. 기대와 희망이 한순간에 꺼져버렸다. 그때, 새로운 시도가 얼마나 어려운 일인지, 느닷없는 기대감이 얼마나 큰 허탈감을 안겨주는지 실감했다. 성인이 되어 사업을 하면서도 이런 일들은 자주 있었다. 사업의 판이 잘 짜여져 있다면 그런 일이 덜 하겠지만, 처음 파푸아뉴기니와 호주에서 사업을 할 때는 기대감이 자주 허탈감으로 바뀌곤 했다. 그런데 정반대의 경험도 있다. 전혀 기대를 하지 않던 일이 느닷없이 새로운 성공의 길을 열어주었던 것이다.

자살 시도가 실패로 돌아가고 그 후유증에서도 조금씩 벗어날 때였다. 내 청춘을 바친 곳은 파푸아뉴기니이고, 한국에서 뭔가 새롭게 시작하려고 해도 마땅한 기회가 오지 않을 것 같았다. 차라리 파푸아뉴기니에서 새롭게 시작해보자는 생각을 하게 됐다. 내가 좌절한 곳에서 다시 희망을 찾아야만 한다는 오기도 생겼다. 파푸아뉴기니로 돌아가 지인들에게 내 근황을 알린 후 예전에 해본 건축일을 위한 시동을 걸고 있었다. 그런데 그때 매우 소중한 인연이 연결되었다. 지인의 소개로 만난 한 디자인 회사의 대표였다. 현지에는 변변한 건축사가 없었기 때문에, 그 대표가 설계와 디자인을 하고 나는 현지 네트워크를 통해 빠르게 사업을 확장시켰다. 특히 파푸아뉴기니에 한창 건설붐이 일어날 때라, 일반주택은 물론이고 호텔, 레스토랑, 제과점 등 전 분야에서 활약할 수 있었다. 나중에는 5성급 호텔 전체를 디자인하기도 했다. 사업 초

반기에 가장 기억에 남은 건축은 30억 규모의 연립주택 공사
건이었다. 방 5개짜리 단독주택 12채와 4층짜리 연립주택을
지어달라는 내용이었다. 다른 건설업자에게 일을 맡기긴 했
는데, 경험도 없는 것 같고 아직 공사를 시작도 못 했으니 나
보고 맡아 달라는 이야기였다.

기대를 줄이고 일에 집중하기

사실 그 제안이 왔을 때는 나 역시 경험이 많지 않은 상태
였기 때문에 선뜻 받아들이기가 쉽지 않았다. 하지만 많은 시
간 맨땅에 헤딩하는 삶을 살아왔던 나였기에 고민의 시간은
그리 길지 않았다. 2시간만에 'OK'를 해버리고 말았기 때문
이다.

주변 인맥을 동원해 현장 소장도 소개받고 기초 자재, 공
사 인력 채용도 진행시킬 수 있었다. 그저 하루하루에 집중하
는 것이 전부였다. 다른 것에는 신경을 쓸 여력도 없고, 큰 기
대를 하지도 않았다. 나에게 다가온 일을 회피하지 않겠다는
자세, 그것이 전부였다. 그러다 보니 어느 순간 끝이 보이기

시작했다. 수익이 크게 나지 않았지만, 우여곡절 끝에 공사를 마무리할 수 있었고, 그 공사가 진행되는 와중에 또 다른 공사를 수주하기도 했다. 나도 모르는 사이 그 일들은 재기에 큰 도움이 되었다. 지금까지도 호주에서 건축업을 하고 있으니, 그때 일들이 결정적인 밑천이 돼준 셈이다. 무엇보다 디자인 회사 대표와의 협업이 큰 도움이 됐다. 이후 다국적 보험 회사의 인테리어 디자인을 맡게 되고 공동으로 오피스 인테리어 시공 작업도 하는 등 나날이 번창했다. 아쉽게도 내가 호주로 돌아간 뒤로는 더 이상 함께 일을 하지는 못했지만, 그분과의 인연은 지금도 좋은 추억으로 남아 있다.

기대하지 않았던 일이 좋은 결과를 맺을 때와 기대했던 일이 좋지 않은 결과를 맺을 때가 있다. 어린 시절의 한탄강변과 호주에서 한 최초의 공사는 그렇게 기대를 둘러싼 양극단의 경험이었다. 기대감이 클 때에는 매우 민감해지고 일이 잘 되지 않으면 어쩌나 하는 불안감이 생긴다. 실제로 문제가 생기면 심리적으로 더 혼란스러워진다. 그러나 기대감 없이 오늘의 시간에 충실하고 지금의 일에만 집중하면 문제가 생겨도 해결에 집중하게 된다. 애초에 기대감이 없었으니 불안감도 크지 않고 문제에 대처하는 능력도 더 강해진다. 사람에 대한 기대감도 사실 마찬가지다. 내가 상대에게 원하는 것은 100인데 정작 상대가 나에게 줄 수 있는 것은 50에 불과하거나, 상대가 90을 주어도 내가 50으로 받아들이면 서운한 감정이 불쑥 튀어나오고 원망이 생긴다.

기대감을 줄인다고 열정이 줄어들지는 않는다. 오히려 일의 결과에 대한 기대를 줄이고 일에만 집중하면 열정의 순도는 더 높아질 수 있다. 기대감을 줄이는 것이야말로 부산스러운 감정을 털어내고 꾸준하게 전진하는 힘이 돼주지 않을까?

처음부터 완전함 대신
작은 것부터

'꿈을 크게 가져라'는 말을 흔히 들어보 았을 것이다. 그래야 호랑이는 못 그려도 사나워 보이는 개 정 도는 그릴 수 있기 때문이다. 꿈이 클수록 현실에서 그 꿈을 이뤄나가는 출발점은 부스러기처럼 작은 일로부터 시작된다. 부스러기가 모여 파편이 되고, 파편들이 더 큰 조각으로 이어 지고, 이 조각으로 큰 그림을 완성해 나가게 된다. 이 말은 곧 작고 하찮아 보이는 일이나 인연이라도 더 큰 성과를 위한 도 약대가 될 수 있다는 의미이다. 또한 별 것 없어 보이는 실천 이라도 분명 결과를 맺는 기회가 되기도 한다.

바이오 에탄올에 대한 꿈이 무너진 뒤, 나는 다시 건설업을 하기 위해 호주로 갔다. 아무 것도 없이 다시 시작했기에 쉽지 않은 길이었지만, 호주에서 만난 사업 파트너와의 성공적인 일 진행은 이런 작은 행동, 실패한 과거에서 얻은 부스러기들이 만들어 낸 성과였다.

퍼즐 한 조각, 박람회

사업을 위해 호주에 도착한 뒤 정보도 파악할 겸 시드니에서 열린 건축자재 박람회에 참석했다. 여러 부스를 방문했지만, 담당자들이 너무 바빠 하고 싶은 대화를 못한 경우도 있었다. 호주건축협회(MBA)에서 하는 트레이닝 프로그램을 소개하는 곳을 마지막으로 박람회장을 빠져나가려고 했다. 그때 부스에 있던 한 담당자가 나를 불러 세웠다. 내가 기웃거리는 동안 전화를 받느라 잘 응대해주지 못한 것이 마음에 걸려 나를 다시 불렀던 것 같다.

"아까 이 부스에는 어떤 일로 오셨나요?"

"아, 호주에서 건축업을 해보고 싶습니다. 관련 교육도 받고 싶고 라이센스도 따야 하는데, 혹시나 도움이 될까 해서…"

담당자가 말을 이었다.

"그 부분이라면 제가 아주 잘 알아요. 도움이 될 수도 있을 것 같은데, 오늘은 너무 늦었으니 다음 주에 한 번 뵐까요?"

그렇게 해서 일주일 만에 그를 다시 만나게 됐다. 일단 내가 먼저 마음을 열어야 한다는 생각에 나에 관한 이야기부터 풀어놓았다. 파푸아뉴기니에서의 생활, 나의 꿈에 관한 이야기, 그리고 호주에서 내가 할 수 있는 일도 대략 말해 주었다. 의외로 반응이 좋았다.

"오, 마침 잘 됐네요. 저는 빌더 면허를 소유하고 있고 이전에 건축회사를 운영한 경험이 있으니 도움을 줄 수 있을 것 같아요. 그럼 함께 일해보는 건 어때요? 저는 건축자재나 인력 쪽으로는 어느 정도 네트워크가 있어요."

호주에서 건축업을 하기 위해서는 '건설업 면허Builder License'라는 것이 있어야 한다. 그런데 이 면허를 얻기가 보통 어려운 것이 아니다. 전문대에서 목수 과정을 3년간 이수해야 하고 이후에도 호주 기술 취업 자격Certificate IV과 '디플로마 Diploma'를 취득하는데 추가로 2년이 걸린다. 그 후에도 정식 빌더 면허를 소유한 건설업체가 진행하는 프로젝트에서 2년 간의 경력을 입증하는 절차가 요구된다. 면허를 따는데 최소 7년이 걸리는 셈이다. 그것도 최단기에 따는 경우가 그렇다. 일반적으로는 10년 넘게 호주에서 건설 관련 일을 해도 따기 쉽지 않은 것이 바로 이 건설업 면허이다.

신뢰의 뿌리가 된 인연

그의 제안은 무척이나 솔깃할 수밖에 없었다. 건설업체를 운영한 경험이 있는 그도 어쩌면 새로운 파트너와 건설사업 을 다시 하는 기회가 절실했을 수 있다. 물론 나에게도 마찬가지였다. 만약 호주에 사업 파트너가 있으면 앞으로 뽑을 직원의 교육도 문제가 없을 것으로 보였고 영업 측면에서도 시너지 효과가 있을 거라고 예상했다. 거기다 그는 확실한 성격이어서 처음부터 20%의 지분을 제안했다. 이모저모를 따져보면 많은 지분은 아니었지만, 적은 지분도 아니었다. 어떻게 보면 작은 박람회가 새로운 인연을 연결해준 것이다. 그리고 그 인연은 지금까지도 계속 이어지고 있으며 그와 직간접적으로 다양한 협력을 통해 함께 사업을 해나가고 있다. 물론 그와의 만남에서 나만 일방적으로 도움을 받기만 한 것은 아니었다. 파푸아뉴기니에서 진행되는 대형 건축사업을 소개해줄 수 있었기 때문이다.

사실 파푸아뉴기니의 모든 것이 싫었다. 내 청춘을 바쳐 열정적으로 일한 곳이고, 내 소중한 꿈이 만들어지던 공간이었다. 하지만 사람들로부터 배신을 당한 후 그곳은 내 청춘을 저당 잡은 지옥이자 내 인생의 소중한 시간을 도둑맞은 공간이 됐다. 그 나라도 싫고, 그곳에서 만난 사람도 싫었다. 만약 파푸아뉴기니와 호주를 연결하는 다리가 있다면, 활활 불이라도 지르고 싶은 심정이었다. 그러나 나는 마음의 문을 완전히 닫지는 않았다. 외국에서의 인연이 얼마나 소중한 것인지 알기에, 그나마 나의 참담했던 과거에 대한 보상이나 선물처럼 그 인연만은 잘 간직해 두었다. 언젠가는 사심 없는 마음으로 다시 꺼내볼 수 있는 보석을 보관하는 심정으로 말이다.

그 인연의 힘이 작동한 것은 호주의 파트너와 의욕적으로 일을 시작할 즈음이었다. 나의 새로운 출발을 알리며 파푸아뉴기니에서 20년의 인연이 있던 친구와 연락을 했다. 이를 통해서 생각지도 못한 성과를 얻었다. 파푸아뉴기니에서 건축을 계획 중이던 35층 오피스의 전체 인테리어 디자인 설계를 제안받았기 때문이다. 나에게도 사업적으로 도움이 되는 일이었지만, 35층 건물이라면 호주 파트너의 입장에서도 대단한 일거리가 아닐 수 없다. 덕분에 그와의 사업은 지금도 계속되고 있으며, 초창기 내가 그와 함께 한 35층 인테리어 사업은 튼튼한 믿음의 뿌리가 되었다.

작은 것이 아름다운 이유

처음부터 온전히 자기 마음에 들지 않거나 완전해 보이지 않으면 포기하는 사람이 있다. 마음에 들지 않으면 '내가 이런 하찮고 보잘것없는 일이나 하려 한 건 아니잖아'라며 더 이상 노력하지 않고 손을 놓아버린다. 물론 이런 완벽주의적인 성격도 나름 장점이 있겠지만, 사회생활에서는 썩 좋은 스타일이 아니라고 본다. 중요한 것은 우리가 처음부터 완전한 것을 만들어 낼 능력이 없다는 점이다. 우리가 열등해서가 아니라, 삶이 이미 그렇기 때문이다. 뭔가 상당한 준비를 하고 난 뒤에야 일에 뛰어들 수 있다는 생각은 오히려 미숙한 태도일 수도 있다. 일단 시작하고 점점 완성해 나가겠다는 자세가 무엇보다 중요하다.

최근 나는 드디어 건설업 면허를 땄고, 여러 공사들을 줄기차게 수주해왔다. 호주의 기독교 장로교 본부에서 발주한 공사 입찰까지 참여하여 낙찰 받을 정도의 건설업체로 발전했다. 이제 독립적으로 건설업을 운영한지 채 5년도 되지 않은 신생 업체에 불과하지만 당당히 호주사회에서 인정받는 기업으로 성장해 나가고 있다. 이러한 성장 과정에서 주택건설, 교회건축, 아트갤러리 등의 공사를 했으며 이익보다는 성실과 신뢰를 바탕으로 미래를 위한 다양한 경험을 축적해왔다. 또 짧은 기간이지만 다른 건설업체와는 다르게 다양한 포트폴리오를 구축해 나가고 있다고 자부한다. 이 모든 것의 출발이 바로 사소한 만남, 그리고 과거와의 인연이라는 작은 것에서 출발했다.

'작은 것이 아름답다'라는 말이 있다. 그런데 현실에서는 작은 것을 아름답게 여기지 않고 감사하지 않는 때가 많다. 그런 초라한 일에 매달려야 하는 자신의 모습이 싫어서일까. 어쨌든 우리는 크고 대단하고, 남에게 자랑할 수 있는 것에 더 관심을 쏟고 정성을 기울인다. 그러나 처음부터 대단한 일을 꾸려갈 수 없는 우리는 작은 것을 소중하고 감사하게 여기고 조금씩 쌓아가야 한다. 지금 우리가 존경하는 대단한 사람들도, 결국은 작은 걸음부터 시작했을 것이기 때문이다.

최악의 상황에서도
의미를 찾는다

사람이 겪을 수 있는 최악의 감정은 바로 '불안감'이다. 지금 당장 눈앞에 나타나는 것은 아니지만, 마음 깊숙한 곳에 자리 잡은 불안감은 끊임없이 영혼의 평화를 위협하기 때문이다. 팬데믹 사태는 많은 사람에게 좌절과 절망을 안겨주었다. 스스로의 힘으로 노력해 볼 수 있는 기회 자체가 사라지면서 많은 사람이 열악한 상황에 처하고 말았다. 물론 이런 상태에서 개인이 할 수 있는 일은 그리 많지 않을 수도 있다. 그러나 상황을 바라보는 해석에 따라 언제든 새로운 기회를 스스로 만들 수도 있다는 사실을 알았으면 한다. 나 역시 팬데믹이 처음에는 위기로 다가왔지만, 그 안에서도 끊임없이 새로운 의미와 가치를 찾고 또 다른 기회를 만들어나갔다.

언제나 예외는 있다

팬데믹은 내가 원래부터 좋아하던 축구의 기본기부터 다시 배워보는 기회가 되었다. 그간 축구를 좋아한다고는 해도 제대로 배워본 적은 없는데, 일주일에 5일, 많으면 7일까지 기초체력을 끌어올리고 달리기에 스피드를 더했다. 주변 사람들은 이를 보고 20대 체력이라고 칭찬해주기도 했다. 호주에서는 야외에서의 1:1 활동은 허용했기 때문에 가능한 일이었다.

내가 이렇게 축구에 열중했던 것은 쌓아놓은 돈이 많고 시간이 여유로워서가 아니다. 팬데믹 시대라 해서 불안해 하고 미래에 대한 두려움을 갖기보다는 오히려 내가 좋아하는 일을 하며 건강을 다지는 것이 더 가치 있는 일이라고 여겼기 때문이다. 때로 나의 사업장이 있는 지역도 봉쇄가 되어 공사를 더 이상 진행하지 못한 경우도 있었다. 하지만 좌절하기보다는 차라리 이 시간을 어떻게 보낼 수 있을지를 생각하며 축구를 선택할 수 있었다. 또 원래 하고 싶었던 보컬 트레이닝도 받았다. 줌zoom을 연결해 한국 보컬 트레이너와 만나, 열심히 노래를 부르면서 불안을 다스리고 스트레스를 이기기 위해 노력했다.

이런 개인적인 취미 활동과 함께 어떻게 하면 새로운 사업의 길을 뚫을 수 있을지를 고민하고 연구했다. 가장 대표적인것이 바로 내가 하는 건축 사업장 중 일부를 이머전시 Emergency, 즉 응급 상태라고 관공서에 알리고 공사를 허가 받는 일이었다. 예전에 공사를 하다가 팬데믹 때문에 중단된 창고 건물이 있었다. 지붕만 있고 벽은 공사하지 않은 상태인 데, 지붕의 일부마저 뜯겨져 있었다. 만약 비가 오거나 바람이 세게 불면 건축물이 무너져 내릴 수도 있기 때문에 방역 당국에 신고하고 공사를 계속할 수 있게 해달라고 요청했다. 결국 허가증이 나오고 공사를 계속 수 있었다. 세상의 모든 일에는 예외라는 것이 있고, 그 예외를 잘 활용하면서 얼마든지 살 길을 만들 수가 있다. 실제 100%의 응급 상황은 아니었다고 볼 수도 있지만, 그렇다고 안전을 확신할 수도 없는 상태였기에 가능했던 일이다. 불법이나 탈법까지는 아니어도, '법의 테두리'를 잘 활용하면 지금의 상황을 개선할 가능성이 있다.

최악의 상황이 최고의 상황

최악의 상황에서도 길을 찾으려 할 때 관건은 바로 본인의 자세와 태도이다. 상황이 악화되었다고 어둡고 힘든 표정으로, 자신이 봐도 맥 빠진 모습으로 있어서는 안 된다. 자신을 위로하고, 괜찮다고 다독이며 방법을 계속 생각해 나가야 한다. 밝은 표정을 짓고 스스로를 위로하라는 의미는 '그냥 할 것이 없으니 그것이라도 해보라'는 차원의 말이 아니다. 최악의 상황이라는 것은 결국 '내가 가진 자원이 바닥이 났다'는 의미이다. 이 말은 곧 믿을 것은 '나' 밖에 없다는 이야기이기도 하다. 따라서 이때의 나는 가장 든든한 파트너이자 믿을 수 있는 친구이기도 하다. 나의 표정이 어둡고 내 행동이 맥빠진 것처럼 보이면 스스로 모든 것을 자포자기하는 차원에 들어서게 된다. 다른 그 어떤 이도 나를 건사하지 못하기에 우선 나부터 힘을 내야 한다.

이러한 최악의 상황은 자신을 단련시킬 수 있는 '최고의 상황'이라고 인식하는 것도 좋은 방법 중 하나이다. 위기를 많이 겪고 자주 극복해본 사람일수록 더 경쟁력 있는 사람이 될 수 있다. 따라서 최악의 상황이 자신에게 다가왔다는 것은 자신의 능력을 또 한번 업그레이드할 수 있는 좋은 기회라고 인식할 필요가 있다. 뿐만 아니라 위험이 닥쳤을 때 그것의 '의미와 가치'를 찾는 일도 매우 중요하다. 대체로 많은 사람이 위험을 빨리 빠져 나가야 할 것이라고 인식하고 그것과 싸우기 급급하다. 그러나 이 때에도 벗어나려고만 하지 말고 그 위험이 자신에게 어떤 의미와 가치가 있는지를 찾아야만 한다. '지금 나에게 왜 이런 최악의 상황이 왔을까?', '이 상황을 극복하면 어떤 능력이 길러지게 될까?' 등을 생각해 본다면 좀 더 강하게 맞설 힘과 용기를 얻게 된다. 최악의 상황을 이겨낸 후 자신의 자랑스러운 모습을 생각해 볼 수 있고, 그것 자체가 하나의 새로운 희망이 되기 때문이다.

이렇게 스스로 굳건하게 위기와 싸워가는 모습을 주변에서도 본다면 분명 도움을 주려는 사람이 나타나게 된다. 누군가가 고군분투하며 열심히 살아가는 모습은 주변에 감동을 전해주고 희망을 불러일으킨다. 그리고 그렇게 성실하게 열심히 살아가는 사람을 도와주고 싶은 마음이 생기게 마련이다. 만약 자신이 아무 노력도 하지 않는다면 결국 주변에서도 도와주고 싶은 마음이 생기지 않으며, 결과적으로 관계 협업이라는 소중한 기회도 얻을 수 없을 것이다.

삶의 고비마다
감사하세요

나는 어린 시절부터 내공이 강한 사람이 되길 바랐다. 워낙 힘든 시절을 스스로 감내해야 했기 때문에 내공 없이는 어느 순간 다 부스러질 것만 같았기 때문이다. 그래서 늘 '강해져야 한다'고 마음을 다잡고, 나에게 '강해지라'고 말해주는 사람이 반갑고 좋았다. 그때는 세상 경험을 많이 하고, 그 안에서 상처를 이겨내면 강해질 수 있다고 믿었다.

그런데 세월이 점점 흐르면서 나는 아주 손쉽게 강한 내공을 기르는 방법 하나를 알아냈다. 그것은 바로 '감사하는 마음'이다. 감사는 친절과 배려, 보답과 비슷해서 내공과는 관

련이 없어 보일 수도 있다. 하지만 감사는 외로움은 물론이고
세상의 수많은 시련에 대처하는 매우 효과적인 방법이다.

든든한 수호천사 선생님들

초등학교 때부터 돈을 벌어야 했기 때문에 친구를 사귀
거나 함께 어울릴 시간이 늘 부족했다. 다행인 것은 선생님들
이 나의 친구이자 든든한 수호천사가 돼주셨다. 초등학교 때
유도반 김한준 선생님이 기억난다. 담임 선생님의 권유로 유
도반에 들어가게 됐는데, 선생님은 "너를 지키기 위해서는 정
신과 함께 육체도 강하게 단련해야 한다"고 말씀하셨다. 지금
보면 딱히 대단한 말은 아니지만, 늘 외로움의 정서가 짙게 배
어 있던 나에게 그 한마디가 큰 힘이 되었다. 수업이 끝나고
땀을 뻘뻘 흘리면서 유도를 하다 보면 어느덧 내가 점점 강해
지고 있다는 느낌이 들었다.

중학교 1학년 때 만난 이혜숙 선생님도 잊을 수 없는 분이
다. 당시 나는 정말로 사는 게 고달팠다. 학교를 가기 위해 매
일 두 시간을 걸어야 했고, 밥도 제대로 챙겨 먹지 못했다. 곱

고 예쁘셨던 이혜숙 선생님은 나에게 많은 애정을 가져주시고 마치 자식처럼 대해주셨다. 선생님과 주고받는 편지가 큰 위로였다. 선생님은 편지로 나를 격려해 주셨고 용기를 주셨다. 이혜숙 선생님은 굽이 굽이마다 나를 바른 길로 안내해 주셨고 고등학교에 갈 때까지 후견인 역할을 해주셨다. 한번은 공부하다가 너무 졸려서 일기장에 혈서로 각오를 쓴 기억이 나는데, 그런 내용들까지 선생님께 보여 드리곤 했다. 김한준 선생님과 이혜숙 선생님. 두 분은 어디에도 마음 둘 데 없이 막막하고 외로운 내 유년기를 지켜준 수호천사였다. 그분들을 생각할 때마다 늘 내가 사랑받았음에 안도한다.

그런데 이렇게 사랑받았다는 느낌을 가진 사람은 그렇지 않은 사람에 비해 혼자 있어도 덜 불안해진다고 한다. 이것을 전문용어로 하면 '안정애착Securely Attached'이라고 한다. 전문가들에 따르면 사랑받고 있다는 느낌이 강할수록 자기 절제력도 강해지고 남에게 더 친절하며, 심리적 상처를 잘 이겨낸다고 한다. 거기다가 어려움을 겪은 후 다시 일어서는 회복 탄력성도 강해진다. 안정애착의 경험이 외로움을 이겨내고 스스로 강한 내공을 키울 수 있는 계기가 된다는 의미이다.

이렇게 반문할 수도 있다. "나는 어릴 때 사랑을 못 받았는데, 그럼 평생 외로움과 불안을 느끼고 살아가야 하나?"라고 말이다. 나는 이런 사람들에게 꼭 필요한 것이 바로 '감사'라는 말을 해주고 싶다. 사랑받았기 때문에 감사한 것이 아니라, 감사하면 사랑받았다는 느낌을 받는다. 언뜻 모순처럼 보이기도 한다. 감사란 것은 대체로 내가 얻은 것, 보탬이 되는 것이 있을 때 나오는 반응이기 때문이다. 받은 것도 없이 무턱대고 감사부터 할 수는 없는 노릇이 아닌가. 그런데 이 감사에는 하나의 비밀이 있다. 감사를 하는 순간, 아주 사소한 것도 대단한 것처럼 보인다는 점이다.

새롭게 일어서려는 멋진 충동

우리는 평생 아무 생각 없이 숨을 쉰다. 어제도 쉬고 오늘도 쉬고 있는데, 이게 뭐 그리 대단할까? 그런데 생각해 보면 숨을 쉰다는 것은 정말 대단한 일이다. 숨이 멈추는 순간이란, 곧 죽음에 이르는 순간이기 때문이다. 하지만 일상에서 이런 생각을 하면서 숨을 쉬지는 않는다. 감사의 마음도, 대단한 일이라는 생각이 들지 않는다. 하지만 '숨 쉬는 일에 감사하다'

고 생각하고 그것을 입 밖으로 내뱉는 순간, 아무 것도 아닌 숨쉬는 일이 내 생명을 보존해주는 매우 소중한 일이 된다.

무턱대고 하는 감사라도, 일단 하면 그것이 매우 도드라져 보이며 나에게 소중한 것이 된다. 어렸을 때 아무리 사랑이 부족했더라도, 전혀 사랑을 못 받지는 않았을 것이다. 하다 못해 이웃집 아저씨가 사탕을 준 것도 사랑받은 것이라 감사한 일이고, 오랜만에 뵌 먼 친척에게 용돈을 받은 것도 사랑받은 것이라 감사한 일이다. 실제로 습관처럼 감사가 배어 있는 사람은 숨 쉬는 것도 감사하고 오늘 살아있음에도 감사한다. 무엇에든 감사하는 것이다.

감사가 가지고 있는 더 무시무시한 위력은 최악의 상황도 뚫고 나갈 수 있는 긍정적이면서도 멋진 충동을 만들어 준다는 점이다. 살다 보면 삶의 행보를 멈추게 하는 망연자실한 일들을 많이 만난다. 믿었던 사람에게 배신을 당하거나 사기를 당하거나 공들여 노력한 일이 실패로 돌아가거나 하면 인생 자체가 멈춰버린다. 이럴 때는 문제를 수습하거나 대안을 마련하기도 전에 기력을 다 잃기 쉽다. 삶이 멈추고 감정은 얼어붙고 무엇부터 다시 시작해야 할지 방황할 뿐이다. 문제는 이런 시간이 오래 가면 갈수록 거기서 헤어나오기 더 힘들고 괴롭다는 점이다. '인생의 패배자'라 불리는 사람들은 이런 상태에서 헤어나오지 못하고 무너진 경우가 대부분이다. 그런데 바로 이런 상황에서 매우 빠르게 빠져나올 수 있게 해주는 힘이 바로 감사이다. 설사 자신에게 안 좋은 일이 생겼다고 하더라도 '새롭게 시작하게 됐으니 오히려 감사한 일', '이 일로 나쁜 사람과 멀리하게 되었으니 감사한 일', '지금의 상황에서 벗어나 또 다른 길을 알려주는 감사한 일'이라고 생각할 수 있게 된다. 이런 감사의 마음에서 다시 일어나 스스로 대안을 찾아 나설 수 있는 힘이 생긴다.

나 역시 삶의 수많은 고비마다 이러한 감사의 마음이 있었기에 새롭게 일어서려는 멋진 충동을 유지할 수 있었다. 일이 잘 돼도 감사하고 안 돼도 감사하다는 마음가짐이야말로 삶을 견뎌내는 가장 강한 내공이라고 본다.

．
．
．
．

실패했는지 아닌지를 놓고
인생의 성적표를 매길 수 없다.
실패를 피해갈 수 있는 사람은
아무도 없기 때문이다.
중요한 것은
실패를 그대로 지나칠 것인지,
실패로부터 깨달음을 얻을 것인지
선택하는 것이다.

_ 버락 오바마

PART

2

마음을
다스리는 기술

같은 상황에서도 사람들이 느끼는 감정은 다르다. 누군가는 별 것 아닌 일로 치부하고 누군가는 예민하게 반응한다. 누군가에게는 '매우' 슬픈 일이지만, 또 누군가에는 '약간' 슬픈 일일 뿐이다. 이런 걸 보면 각자가 가진 감정의 반응점은 모두 다른 것 같다. '나에게 왜 또 이런 일이 생기는 거야!'라고만 생각하면 모든 것이 환경 탓이고 나는 피해자일 뿐이다. 그러면 감정은 더 격해진다.

그러나 외부의 환경이 아닌 나의 반응을 살펴볼 필요가 있다. 과연 내가 어느 지점에서 반응하는지, 또 어디까지 괜찮은지도 관찰하는 것이다. 만약 내 감정의 반응점을 지금보다 조금 더 낮출 수 있다면, 주어진 어려움을 돌파하는 힘이 조금 더 강해질 것이다.

쿨하게 인정하기

살다 보면 누구나 마음의 덜컹거림을 느끼게 된다. 순탄한 삶의 항로였지만, 어느 순간부터 아무리 해도 나아가지 않는 것 같은 정체감, 혹은 방향 감각을 잃고 길을 잘못 들어선 느낌이 들 때이다. 청춘을 다 바친 사업이 좌절되고, 믿었던 사람이 배신하고, 외국에서 경찰 조사를 받고, 자살 시도까지…. 이 모든 것이 나의 실패를 나타내는 뚜렷한 증거였다. 누군가는 나에게 '정말 드라마틱한 삶을 살았다'고 말하지만, 나는 그 모든 것을 정면 돌파할 대단한 의지력을 가진 사람은 아니다. 그러기에는 너무도 힘들고, 정신적으로도 견뎌내기 쉽지 않았다. 그럼에도 불구하고 나에게 한

가지 장점이 있었는데, 바로 '쿨하게 인정하기'였다. 실패든, 좌절이든 미련 없이 인정하고 나면 다시 시작할 용기가 나고, 다시 뚜벅뚜벅 걸어갈 힘이 생겼다.

비교는 집착에서 나온다

삶에서 겪는 대부분의 상처는 비교에서 비롯되는 경우가 많다. 금수저니, 흙수저니 하는 것도 애초에 비교에서 시작되는 것이다. 남들보다 행복하지 못한 것 같으니 우울해지고, 남들보다 친구가 적으니 '외톨이'라는 생각을 한다. 혹여 삶에서 도전했던 것이 이뤄지지 않으면 '남들은 다 잘 되는 것 같은데 왜 나만 이러지?'라며 초라함을 느낀다. 이 역시 비교에서 나오는 감정이다.

사실 비교라는 것은 집착에 가까운 것이다. 남과 비교를 한다는 것은 남들이 가진 것에 집착한다는 의미이며 따라서 나를 있는 그대로 받아들이지 못하게 된다. 다른 사람의 멋진 몸매에 집착하면 나의 뚱뚱한 몸을 비교하고 자존감을 잃는다. 비교는 집착으로 이어지고 이것은 또 나에 대한 비하로 연결된다. 마치 개가 나무에 묶여있듯, 내 마음도 묶여버려 아무 발전도, 성장도 할 수가 없다. 집착과 비교는 나를 옥죄는 목줄이나 마찬가지다. 이 목줄이 사라지지 않는 한, '후회→아쉬움→절망→자신감 상실'을 한없이 반복하게 된다. 그러나 그 목줄에서 벗어날 수 있다면 사방으로 자유롭게 나아가며 새로운 가능성을 탐색할 수 있다.

그런데 그 방법이라는 것이 그리 어렵지 않다. 안 해봐서 못하는 것이지, 한번 해보면 좋은 습관이 된다. 무엇이든지 쿨하게 인정해버리면, 그 목줄은 이제까지 마치 허상이었다는 듯 한순간에 사라져버린다.

내가 쿨하게 인정하는 데 익숙해진 것은 타고난 성품이 대단해서가 아니다. 어려서부터 이런 태도 없이는 생존 자체가 쉽지 않았다. 가족 관계에서도, 경제적인 면에서도 늘 결핍에 시달리다 보니 그냥 그것을 인정하지 않으면 안 되었다.

'그래, 가난한 거면 가난한 거지!'

'그래, 안 되면 안 되는 거지!'

이렇게 인정해버려야 숨통이 트이고 또 다른 생존 방법을 모색할 수 있었다. 직장생활을 하다가 한국을 떠날 수 있었던 것도 이런 인정하는 태도가 기반이 됐기 때문에 가능했다. 한국 본사에서는 내 처지의 끝이 빤히 보였다. 아무리 노력해도 그 이상을 올라가기 힘들다고 판단했다. 그래서 과감하게 해외로 떠날 수 있었고, 그것 자체가 '새로운 도전'이 됐다.

왜 해보지도 않고 포기했냐고 반문할 수도 있다. 왜 한계를 넘어서 도전해 보지 않았냐고 말이다. 물론 나도 그런 생각을 했다. 혹시 내가 너무 성급하게 판단한 것은 아닌지 걱정이 들었다. 그런데 살아보면 세상이 꼭 자기계발서의 조언대로만 되지 않는다는 것을 알게 된다. 남들이 해내지 못한 그 이상을 해내기 위해서는 많은 자원이 필요하다. 뭔가 특출난 능력이 있거나 정말로 끈질기게 버틸 의지가 있거나 주변의 도움도 필요하다. 도전도 그런 기반이 있어야 가능한 일이다. 그러나 나에게는 그런 자원이 없었다. 빤히 내다보이는 현실 속에서 계속 버티기를 한다는 것은 원래 가지고 있던 자그마한 자원마저 소진시키는 일이었다. 그 안에서 계속 흐르는 시간을 견디기도 힘든 일이었다. 그래서 차라리 '쿨하게 인정하기'를 통해 새로운 길을 찾아나선 것이다.

인정하고 나서야 집중할 수 있다

쿨하게 인정하면 가장 먼저 다가오는 것이 자유다. 이제까지 남과 비교하며 자신을 옭아매던 족쇄에서 벗어나는 느낌이라고 할까? 족쇄를 벗겨내면 다리가 가벼워져 어디로든 뛰고 싶어진다.

누구에게나 말하는 습관이 있게 마련인데, 그것은 자기가 스스로 알아채기 어렵다. 한번은 아는 사람이 내 이야기 중에 유난히 많이 등장하는 말이 있다고 깨우쳐주었다.

"하지만 거기에 굴하지 말고…"

"상황이 그렇다고 굴하지 말고…"

내가 유난히 '굴하지 않는다'는 말을 많이 쓴다는 것이다. 생각해 보니 정말 그랬다. 곰곰이 생각해 보니 이 '굴하지 않는다'는 표현은 상황에 대한 인정을 내포한다. '굴할 수밖에 없는 상황이라는 건 인정한다. 그럼에도 굴하지 말자'는 뜻이기 때문이다. 진정한 마음의 자유란, 어려운 상황이라도 결코 그 상황에 휘둘리지 않는 것이기도 하다. 대체적으로 마음의 순발력이 강한 사람들은 빨리빨리 상황을 정리하고 받아들 인다.

쿨하게 인정하면 좋은 것 두 번째는 남는 에너지로 새로 운 길을 모색할 수 있다는 점이다. 사람이 가진 에너지는 한계 가 있다. 그래서 자꾸 과거에 집착하고 자신을 질타하는 것에 에너지를 쓰게 되면 새롭게 전진하는 에너지가 줄어들 수밖 에 없다. 속도가 느려지고 자신도 정체되는 느낌을 받게 된다.

어떻게 보면 우리는 이미 많은 것이 결정된 상태에서 태어 난다. 부모님도, 부모님의 재산도, 부모님의 사투리도 내가 태 어난 후에야 맞닥뜨리는 것이다. 거기다가 성격과 지능마저 유전자의 지배에서 크게 벗어나기는 힘들다. 성별이나 생김새 는 두말할 필요도 없다. 어쩌면 우리는 태어나면서도 이 모든 것을 쿨하게 인정해야 하는 숙명을 타고난 셈이다.

조직에서도 의사결정을 할 때 가장 중요하게 생각하는 것 이 바로 '선택과 집중'이다. 나는 이를 사업을 하면서 크게 체 감한다. 안 되는 것을 포기 못 하고 질질 끌고 가면 당면한 프 로젝트 전체가 무너질 수도 있다. 버릴 것은 빨리 버리고 머리 에서 싹 잊어야 한다. 그런 뒤에야 온전한 나의 판단과 결정이 남고, 전적으로 그것에 의지해 생을 개척해 나갈 수 있다.

삶에서 덜컹거림이 느껴지면 인정할 건 인정해야 한다. 부인하려는 순간, 덜컹거림이 내 삶 속에 더 깊숙이 파고든다. 기왕 쿨하게 인정해야 할 운명을 타고난 우리라면, 앞으로의 선택과 집중을 위해서도 지금보다 훨씬 더 쿨해져야 하지 않을까?

마음을 여는 쪽은
나입니다

어느 철학자는 '마음의 문을 여는 손잡이는 문 안쪽에만 달려 있다'고 했다. 사람이 외롭고 힘들면 가장 먼저 마음의 문을 닫아버린다. 더 이상 상처받고 싶지 않아서겠지만, 그것은 외로움을 넘어 고립을 부른다. 마음의 상처를 받은 사람에게 많은 것을 요구할 수는 없지만, 최소한 마음의 문만은 열어두어야 한다고 말하고 싶다. 그래야 소통의 여지가 있고, 새로운 기회가 찾아올 수 있기 때문이다. 그런 점에서 나는 힘든 순간에도 마음의 문만큼은 닫지 않으려고 노력해왔다. 그러다 보면 새로운 만남이 생기고, 또 다른 길이 열렸다. 특히 새로운 사람과의 만남은 내 인생의 마디와

고비에서 나를 이끌어준 구원의 힘이기도 했다.

어린 시절 가슴에 새겨진 영웅

나와 같은 중년 세대라면 공감하겠지만, 어린 시절 신나게 들었던 〈징기스칸〉이라는 노래가 아직도 귓가에 생생하다. '후! 하! 후! 하!'로 시작되는 그 경쾌한 노래를 들으며, 십대의 나는 징기스칸에 대한 존경과 선망을 가슴에 품었다.

질풍노도와 같이 질주하는 수천 명의 기마대!
모두가 맹목적으로 따르는 리더, 그 이름은 징기스칸!
광야를 울리는 그들의 말발굽은 전 세계를 공포와
경악에 떨게 했으며
천둥도, 번개도 그들을 막을 수 없었다
징, 징, 징기스칸! 달려라 기마대, 나가라 기마대,
계속 전진하라!

조금씩 나이가 들면서 징기스칸의 삶에 대해 구체적으로

읽어볼 기회가 있었는데, 지금도 기억에 남는 대목은 그가 위기를 대하는 태도였다. 징기스칸은 위험과 위기가 닥쳐오면, 그것을 반기며 "이번에는 나에게 또 어떤 깨달음 주려고 왔느냐!"며 크게 웃었다고 한다. 어쩌면 내 인생의 그 수많은 돌발적인 상황을 긍정적으로 받아들일 수 있었던 것도 징기스칸 덕분이었는지 모르겠다.

어린 시절 나의 영웅이던 징기스칸이 다시 내 마음 속에서 부활한 것은 회사에 입사해 열심히 일할 때였다. 군복무를 끝낸 나는 한라그룹 계열사인 만도기계에 복귀했다. 여기서 '입사'가 아니라 '복귀'라고 한 것은 만도에서 직장생활을 조금 하다 입대했기 때문이다. 기획실에서 근무하며 군포, 평택 등지로 옮겨 다니면서도 나름 최선을 다했다. 영어공부도 열심히 하고 회사에서 권하는 외부 교육도 성실하게 받았다. 사내 영어시험이 있으면 적극적으로 응해 우수한 성적을 거두기도 했다. 그러나 직장생활을 열심히 하는 것과 내 삶이 나아지는 것은 별개의 문제였다. 월급을 받아 생활하고 홀어머니와 동생에게 용돈을 주고 나면 늘 적자 인생이었다. 그나마 이 문제를 해결할 방법은 야근과 주말 근무였다. 얼마간의 초과 근무수당이라도 받을 수 있기 때문이다. 또래 친구들은 연애도 하고 여행도 간다지만, 나에게는 어림없는 일이었다. 여가 시간을 모조리 돈과 맞바꾸는 생활이었다. 그러나 그것으로도 역부족이었다. 생활은 점점 쪼들리고 내 인생은 이게 전부인가 하는 생각이 들었다. 훗날 월급이 올라도 연봉의 5% 정도인데, 지금의 낮은 연봉을 떠올리면 수만 년은 기다려야 겨우 만족할 만할 수준이 될 거라는 암담한 생각도 들었다. 내가 처한 상황이 열악하다는 느낌이 들기 시작하자, 내 시야와 생각이 어둠에 갇혀 버렸다. 그때 떠오른 사람이 바로 징기스칸이었다. 모든 것에 마음을 열어 두었던 나의 영웅. 나는 새로운 모험을 해야겠다고 결심하고, 그것이 또 다른 인생의 경로와 깨달음을 가져다 줄지도 모른다고 생각했다. 이렇게 마음을 열기 시작하자, 또 다른 가능성들을 타진할 수 있는 용기가 생겼다.

출렁거리는 현실을 거부하는 대신

해외근무를 택한 것도 그렇게 마음을 열어둔 결과였다. 물론 2.5배 높은 월급에 주거와 식사가 해결되는 것도 장점이었다. 월급을 몽땅 저축하면, 훨씬 빨리 돈을 모을 수 있을 것 같았다. 하지만 그것이 전부는 아니었다. 지금 나를 둘러싼 상황을 타개하기 위해서는 새로운 자극이 필요했고, 그것을 스스럼없이 받아들여야 했다.

파푸아뉴기니에서 에탄올 사업에 본격적으로 몰두하던 초기, 나는 동남아 인근으로 출장을 다니면서 타피오카를 수출할 계획을 세웠다. 그러나 개인이 이러한 수출 루트를 뚫는다는 것은 쉬운 일이 아니었다. 하지만 언제나 그렇듯, 무모한 도전 정신으로 필리핀으로 향했다.

마닐라의 대형 쇼핑몰을 구경한 뒤 잠깐 커피를 마시기 위해 자리를 잡았다. 옆 테이블에 앉은 어느 필리핀인에게 가벼운 질문을 던졌는데, 그 사람이 나에게 관심을 보이며 마닐라에는 왜 왔냐고 물어왔다. 타피오카와 바이오 에탄올 사업 아이디어가 있어서 마닐라를 찾았다고 했더니, 그가 대뜸 자신이 필리핀투자진흥청에 근무하고 있다고 말하는 게 아닌가. 보다 자세한 이야기를 나눴더니, "내가 당신을 도와줄 수 있을 것 같다"며 며칠 뒤 필리핀 사탕수수협회장도 만나게 해주었다. 협회장은 자신의 집에 나를 재워줬고, 다음에 마닐라에 갔을 때는 공항에서 VIP 대우를 받게 해주고 공항으로 자동차도 보내주었다. 그때까지 내가 어떤 이익도 주지 않았는데도 그들은 한결같이 호의적인 태도였다. 거기서 끝이 아니라, 필리핀인 파트너와 필리핀의 대표적인 맥주회사 산미구엘의 임원도 만나게 해주었다. 어떻게 보면 필리핀 사회의 최고위층으로, 만나고 싶어도 쉽게 만날 수 없는 사람들이었다. 커피숍에서 우연히 만난 인연을 시작으로 그런 사람들과 연결될 수 있다는 사실이 매우 신기했다.

인연의 시간이 적지 않게 쌓이면서 종국에는 필리핀의 여타 파트너들과 협업하여 생산성 향상을 보증하는 제안서를 제출하고 타피오카와 함께 관련 설비까지 수출할 기회도 얻었다. 1차 납품액만 50억 원이라는 적지 않은 금액이었다. 그런데 이런 큰 거래를 하면서 필리핀인 파트너는 냅킨에 손글씨로 계약서를 써주는 게 아닌가. 처음에는 의아한 생각도 들었다. 신뢰관계가 완전히 다져지지 않은 파트너가 계약서를 냅킨에 써준다는 사실이 믿기지 않았기 때문이다. 그는 "이게 내 스타일"이라고 했지만, 반신반의할 수밖에 없었다. 그런데 며칠 뒤 신용장이 날아오고 실제로 계약이 이뤄졌다. 격식과 절차를 중요하게 생각하는 우리나라에서는 상상도 할 수 없는 일이지만, 그 나라에서는 그런 일들이 일어난다. 그리고 그 모든 일의 한 가운데 내가 주인공이었다. 모든 일이 순탄하기만 한 건 아니었지만 결과적으로 내가 목표하는 바를 이룰 수 있었다.

되돌아보면, 나는 그냥 가만히 있었을 뿐이다. 그들에게 도움을 요청한 적도, 은근히 유도한 적도 없다. 하지만 그들은 내 삶에 들어와 도움을 주었다. 그저 '우연'이 아니겠냐고 반문할 수도 있다. 그러나 우연만은 아니었다. 마닐라의 쇼핑몰에서 낯선 이와의 대화를 거부했다면, 귀찮다고 생각해 대강 얼버무리며 자리를 피했더라면 만들 수 없는 인연이었다. 내가 그들에게 뭔가를 요청하지도 않았지만, 마음을 닫아 두지도 않았다.

"이번에는 나에게 또 어떤 깨달음 주려고 왔느냐!"는 징기스칸의 말은 그가 전쟁에 익숙한 장수이기도 하거니와, 돌발변수에 대해서도 마음을 열어두는 자세를 가졌기 때문에 나올 수 있는 호기로운 이야기다. 의외의 선택, 새로운 기회, 생각지도 못한 발걸음이 내 인생에서 전혀 만나지 못했던 새로운 방향을 지시해 주었다.

아무리 힘들어도 마음의 문만큼은 닫지 말자. 다른 사람을 환하게 반길 수 있는 상태는 아니더라도 무조건 못 들어오게 막을 필요는 없다. 힘들겠지만 내 주변의 출렁거리는 현실을 거부하지 않고, 그저 마음만 열어 둘 수 있다면, 그것만으로도 우리는 조금씩 새로운 기회를 만나고 변화에 익숙해질 수 있을 것이다.

창의성은
고독할수록 빛난다

과거 한국의 건축문화에서는 창의성과 개성이 별로 존중받지 못했다. 경제발전이 한창 이루어지던 시대에는 빨리빨리 건축물을 짓느라 창의성과 개성은 오히려 속도를 높이는 데 방해가 됐다. 물론 이제는 한국의 건축도 글로벌한 발전을 이루어냈다고 할 수 있다. 호주의 건축물은 영국과 미국의 영향을 받아 다변화됐으며 이민자들이 많이 들어온 것도 건축문화에 영향을 미쳤다. 그러다 보니 비슷한 건물을 찾아보기 힘들고, 매우 다양한 모습을 하고 있다. 나 역시도 호주 건축물을 더 창의적으로 발전시키기 위해 노력한다. 튼튼하게 빨리 짓는 것도 좋지만, 나름의 개성이 살아 있어야 훌륭한 건축인으로 인정받기 때문이다. 그런데 내가 일에서 창의성을 발휘하기 위해 의지하는 것이 바로 '고독'이다.

우뇌를 키우는 고독

창의성을 키우기 위해서는 소통도 많이 하고, 아이디어를 놓고 활발하게 토론하는 일도 중요하다. 의뢰인이나 설계자들과 이야기를 하다 보면 문득 새로운 아이디어가 떠오르기도 하고, 생각지 못한 변화의 포인트가 보이기도 한다. 그런데 정작 그런 생각들을 더욱 창의적으로 만들어 주는 것은 고독할 때이다. 일에서 완전히 벗어나 혼자 있는 시간에 오히려 일에 대해 창의적인 생각이 들 때가 많기 때문이다. 일을 할 때는 머리가 쌩쌩 돌아가기는 해도, 뇌에 과부하가 걸려 막상 새로운 것이 나오지는 않는다. 그러다가 쉴 때 머리가 스스로 뭔가를 정리해서 내 앞에 툭 던져주는 것 같다. 그런데 신기하게도 이 모든 작용이 바로 우리의 뇌에서 이루어진다고 한다. 특히 좌뇌와 우뇌가 나뉘어 각자 다른 역할을 수행한다고 하니, 자연의 신비로움이 아닐 수 없다.

좌뇌는 현실적이고 직관적인 사고를 하고 원래의 방식을 고수한다고 한다. 반면 우뇌는 좌뇌의 이러한 활동에서 벗어나려 해, 그 결과 새로운 창의성의 원천이 되는 활동을 한다. 평상시에는 좌뇌가 이기는 경우가 많아 현실에서 주어진 일을 빨리빨리 처리해나갈 수 있다.

나도 나름 창의적인 직업이라 생각해 우뇌를 키우는 방법에 관심이 많은데, 의외로 우뇌를 활성화시키는 것이 고독이라고 한다. 우뇌는 혼자 무엇인가에 집중할 때 뇌를 뜨겁게 달아오르게 만들고 좌뇌가 해오던 일상적인 방법에서 벗어나 활성화된다. 심지어 고독한 상태에서 책까지 읽으면 이는 엄청난 엔진을 더하는 일이다. 책을 읽을 때 뇌는 자신의 경험과 기억 속에 새로운 자양분을 공급하고 신경세포를 강화하면서 더 강한 신경망을 만들어 내는 것이다. 그러니 고독에 독서까지 겸하는 것은 나를 창의적으로 성장시키는 매우 중요한 방법이다.

외로움을 반겨라

나는 오쇼 라즈니쉬의 책을 좋아한다. 그에 대한 역사적 평가는 사람마다 다르지만, 그가 종교나 이념에 국한되지 않고, 다양한 이야기를 재치 있게 풀어내는 내용이 마음에 들고 흥미롭다. 그가 했던 수많은 말 중 창의성에 대한 내용을 소개해 본다.

창의성은 존재계에서 가장 위대한 반란이다
진정한 용기는 두려움이 없는 상태가 아니라
오히려 두려움으로 가득 찬 상태에서
그 두려움을 마주할 수 있는 용기를 갖는 걸 말한다
현실적인 존재가 되어라
기적이 일어나도록 계획을 세워라

두려움을 마주할 수 있는 용기. 사실 현대인들은 이것이 없어서 적지 않은 인공 행복에 매달리고 있다. '인공 행복'이라는 말은 미국의 어떤 의사가 만들었다고 하는데, 항우울제나 강박적인 운동을 의미한다. 이러한 것들은 현실을 부정할 수 있는 힘을 주고, 따라서 현실 도피를 합리화한다. 그런데 인공 행복의 개념을 좀 더 확장해 보면 알코올이나 니코틴, 마리화나, 마약 같은 중독성 물질도 다 여기에 속할 것 같다. 내면에서 자연스럽게 솟아나는 행복이 아니라 인공 물질이 만들어내는 행복이기 때문이다.

라즈니쉬의 말을 빌어, 우리는 외로움을 마주할 용기가 필요하다. 원래 인간은 그 무엇이든 친숙해지면 질수록, 상대에 대해서 더 잘 알고 그 속성을 잘 파악할 수 있다. 그러면 그것을 다루는 데에도 매우 능숙해질 수 있다. 자신에게 다가오는 외로움을 거부하지 않고 받아들이면서 그것을 고독으로 바꾸려는 시도에 친숙해질 필요가 있다. 그리고 홀로 세상에서 받은 상처를 치유하고 독서를 통해 뇌의 능력을 배가시켜 보자. 그러면 외로움이 느껴질 때마다 더 반가울 수도 있다. 나를 훌쩍 성장시킬 또 하나의 기회가 다가오는 것이기 때문이다.

차라리
둔감해야 할 때란

나라가 발전할수록 사람들도 점점 더 예민해진다고 생각한 적이 있다. 예전에는 가볍게 넘어갈 수 있는 문제도 과거와는 다르게 면밀히 따지고 반응하는 것이다. 이를 '까칠하다'고 표현할 수도 있겠지만, 먹고사는 문제에서 벗어나 정신적으로 문화적으로 성숙했기 때문이라고 볼 수 있다. 예전에는 기차는 물론이고 비행기에서도 담배를 피웠다. 자녀와 한방에 있으면서 담배를 피우는 일도 흔했다. 하지만 요즘에는 큰일 날 짓이다. 이러한 예민함은 사회와 삶을 더 정교하게 보살피고 대처하게 하는 장점이 있는 반면, 정서적으로 너무 날카로워져 우울이나 괴로움이 심화되는 경우가 많다. 우리의 삶은 수많은 점點들의 연속이다. 때로 점은 그저 점으로 흘려보내야 삶이 더 편해질 수 있다.

오늘의 태양 아래서 일어난 일

어느 나라나 범죄를 저지르고 교도소에 가는 사람들이 많다. 호주에서도 강력범죄에 대한 기사가 심심치 않게 나온다. 죄를 지었으면 마땅히 벌을 받아야 하지만, 안타깝기도 하다. '그 순간에 조금만 참았으면 어땠을까?'라는 생각이 든다. 치밀하게 계획된 범죄나 금융 사기 같은 범죄도 있지만, 일반인들이 저지르는 범죄란 대개 순간적인 충동을 이기지 못해 생기는 것이다. 화가 나서, 무시 당하는 것 같아서, 혹은 충동에 휩싸여 범행을 저지르는 경우가 대다수이다. 사실 이런 순간들은 인생 전체를 놓고 보면 작은 점과 같은 순간에 불과하다. 그런데 그 점을 점으로 흘려보내지 못해 인생 전체를 망가뜨리는 것이다.

나 역시 살면서 수많은 어려움이 있었지만, 그때마다 늘 가슴 속으로 외치는 말이 있다. 바로 '내일의 태양은 어김없이 뜬다!'라는 말이다. 지구나 우주가 멸망하지 않는 한 내일의 태양이 뜬다는 사실은 변함이 없다. 원하지 않아도 뜨고, 빨리 지라고 빌어도 소용 없다. 내 마음과는 아무 상관없이 자연의 법칙대로 자신의 역할을 하나하나 수행해 나갈 뿐이다. '내일의 태양이 뜬다'는 말은 오늘의 좋지 않았던 일, 불쾌했던 일, 걱정과 괴로움을 작은 점으로 흘려보내라고 하는 주문과 같다. 내일의 태양이 분명 뜰 것이니, 오늘의 태양 아래서 일어났던 일들은 빨리 흘려보내자는 의미이다. 이렇게 무엇인가를 빨리 흘려보내려면 지나치게 예민해지려는 자신의 감성을 관리할 필요가 있다.

물론 예민함이 장점이 될 때가 있다. 예술을 하거나 꼼꼼한 일을 하는 사람들, 그리고 나 같이 건축을 하는 사람에게도 예민함이 필요하다. 특히 건축업은 사람의 안전과 직접 연관되기 때문에 허술하게 해서는 절대 안 되는 일이다. 어떤 면에서는 극도의 예민함이 필요하다. 그러나 일상에서 지나치게 예민하면 오히려 자신에게 부정적인 영향을 끼치는 경우가 많다. 그것은 마치 수용할 수 있는 정보의 한계가 있는데, 자잘한 정보를 끊임없이 받아들이는 상황과 비슷하다. 이렇게 되면 심리적으로도 버겁고 스트레스를 받게 된다. 한꺼번에 다 들 수도 없는 많은 짐을 바라보고 있는 느낌이라고 할까? 그 자체로 이미 감정이 다운될 수밖에 없다. 그래서 감정적으로 매우 예민한 사람들은 우울증으로 발전할 가능성이 매우 크다.

흥미로운 사실은 '한국인 특유의 예민함'이 있다는 점이다. 한국인과 외국인의 예민함을 연구했던 한 전문가는 이를 '멜랑콜리아형 우울증'이라고 표현했다. 감정이 신체적으로 잘 표현된다는 특징도 있다고 한다. 그냥 짜증이 나는 정도가 아니라 가슴이 답답해지고, 슬픔이 쌓여서 가슴 한가운데가 막힌 느낌이다. 극도의 슬픔을 느낄 때 손으로 가슴을 치는 민족은 한국인 말고는 별로 본 적이 없는 것 같다. 그것은 한국인이 매우 예민해서 신체적으로 더 잘 표현되기 때문일 수도 있다. 방안에 있는 조그마한 티끌에도 예민해 물걸레질을 하는 민족도 한국인 밖에 없다.

점은 점으로 흘려보내기

예민함이 우울증으로까지 이어지는 것을 예방하기 위해

전문가들이 내놓은 확실한 대안이 있다. 그것은 바로 '시간 가는 줄 모르게 몰입하는 일을 만들라'는 것이다. 이렇게 하면 예민함이 확실히 줄어들고 우울증으로 발전할 가능성이 현저하게 낮아진다고 한다. 그러니까 예민한 사람이라면, 예민할 틈도 없이 집중할 수 있는 일을 찾으라는 말이기 때문이다. 경험적으로 보자면 이러한 처방은 효과가 확실하다. 뭔가 기분 나쁘거나 우울한 생각이 들어도 일에 몰입하면 금세 까먹고 '내가 언제 그랬지?'라는 생각이 들 정도다. 바로 이런 순간이 되면 '점을 점으로 흘려보내는 수준'이 될 수 있을 것이다. 그리고 오늘의 태양 아래서 일어난 일을 내일의 태양으로 대체하는 일이기도 하다.

15년 전쯤, 한국에서 『사소한 것에 목숨 걸지 말라』는 책이 크게 유행한 적이 있다. 책 제목이 참 명언이다. 사소한 것에 목숨 거는 사람들은 다소 예민한 사람임에 틀림없을 것이다. 스마트폰 하나면 친구가 오늘 점심으로 무엇을 먹었는지도 알 수 있는 시대다. 정보와 지식이 방대한 시대일수록, 복잡한 일상을 자꾸 비우고 흘려버려야 한다. 조금은 더 둔감한 나를 만들 수 있다면, 감정의 반응점이 훨씬 낮아지고 감정에 휘둘릴 일도 줄어들 것이다.

용서해야
당신이 살 수 있습니다

타인에게 사과를 제대로 하지 않아 관계가 어긋날 수도 있지만, 반대로 용서를 잘 하지 못해 그렇게 되는 수도 있다. 사과와 용서는 서로 반대편에 있지만 비슷하게 매우 힘든 일이다. 나는 비교적 사과는 잘하는 편이지만, 용서는 쉽지 않았다. 그만큼 힘든 과거가 있었고, 그 힘듦 만큼이나 마음의 상처도 매우 컸기 때문이다. 그러나 어느 순간 상대방을 위해서가 아니라 나를 위해 용서해야 한다는 사실을 깨달았다. 용서를 하지 않으면 계속해서 내 마음의 고통을 남겨두는 일이며, 또 용서를 통해 얻을 수 있는 교훈마저도 놓칠 수 있기 때문이다.

누명, 그리고 최후의 수단

4~5년 전쯤으로 기억된다. 다른 날도 아닌 기쁘고 행복해야 할 크리스마스 날, 음주운전 차량에 아홉 살 아들을 잃은 한 호주인의 이야기가 뉴스에 소개됐다. 그 가족은 12월 25일 밤 야외에서 아름다운 크리스마스 조명을 감상하고 있었는데, 갑작스레 차 한 대가 아들에게 달려들었다. 차에 충돌한 아들을 급히 병원으로 옮겼지만 이틀 만에 사망하고 말았다. 가해 차량을 운전한 사람은 허용치의 3배가 넘는 술을 마신 상태였다. 나도 자녀가 있는 처지라, 만약 그런 일을 당했다면 세상이 무너지는 기분이었을 것이다. 그런데 후속 뉴스가 더 놀라웠다. 아들을 잃은 그 아버지는 어느 날 가해자를 교회로 초대해 뜨거운 포옹을 나누며 용서했다고 한다. 가해자는 자신이 죽인 아이 아버지의 품에서 눈물을 흘리면서 주저앉았다고 신문은 전했다. 그 만남을 주선한 목사는 "과연 나라도 그토록 자비로운 마음을 가질 수 있을지 장담할 수 없다"는 말까지 했다. 당시 그들의 포옹 장면이 실린 신문을 보면서 나 역시 형용할 수 없는 감정에 휩싸였다.

이제까지 살면서 내가 제일 억울했던 일은 파푸아뉴기니

현지법인 대표로 있을 때 '횡령'이라는 누명을 쓰고 회사를 떠날 수밖에 없는 상황이었다. 나중에 무죄로 밝혀졌지만, 그 사이 내가 잃은 것이 너무도 많았다. 그 일을 겪은 후 '자다가도 벌떡 일어난다'는 심정이 어떤 것인지를 절실히 알게 됐다. 그러나 이후 내게 누명을 씌운 사람들을 용서하기로 마음 먹었다. 내가 자비롭거나 마음이 넓어서가 아니다. 그렇게 하지 않고는 나의 삶이 온전해지지 못했기 때문이다. 계속해서 분노를 가지고 있으면 오히려 망가지는 쪽은 나라는 사실을 알게 됐다. 자신의 아들을 사망케 한 음주 운전자를 용서한 아홉 살 아이 아버지의 심정을 그때서야 조금 이해할 수 있었다. 용서는 불의의 사고로 큰 상처를 입은 사람이 스스로를 살리기 위해 할 수 있는 최후의 수단이라는 것을.

'나만의 용광로'에서 교훈을 얻다

나에게 인생 최고의 상처이자 상실감을 안겨준 사람들을 용서하는 마음을 가지면서 많은 것을 깨달았다. 처음에는 용서라는 것은 마치 넘을 수 없는 허들처럼 보였지만, 그 허들을 넘지 않고는 더 이상 인생의 레이스를 진행할 수 없었다. 우선 내가 용서를 하든, 하지 않든 상황을 변화시킬 수는 없다. 그 아이 아버지가 음주 운전자를 용서하지 않는다 해도 아들이 살아 돌아오지 않으며, 내가 누명 씌운 이들을 용서하지 않는다고 해서 다시 회사 대표 자리에 오를 수도 없다. 오히려 내 안의 분노만 가득 찰뿐이다. 하지만 그 분노는 아무런 영향력을 미칠 수 없는 분노였다. 그 누구도 주목해 주지 않는, 그저 나만의 용광로에 불과했다. 그런 상태로 살아가는 것은 불가능했다. 앞으로도 과거의 고통을 안고 살아갈 수는없기 때문이다. 결국 용서가 내 마음의 짐, 미래의 고통을 제거해 주었다.

내가 용서를 해야만 내 마음이 정리되고 과거에서 교훈을 얻을 수 있다. 분노에 휩싸인 상태에서는 과거의 일을 차분하게 반추하고, 복기하고, 교훈을 얻을 수 없다. 쏟아지는 분노의 불길이 시야를 가리기 때문이다. 하지만 용서를 하자 과거의 일을 정면으로 응시할 수 있었고, 그 결과 교훈을 얻을 수 있었다. 그때부터 내가 사업을 해나가는 과정이 다른 사람에게 어떻게 비칠지, 악의적으로 해석당하거나 혹은 오해의 여지를 남기지 않는지를 계속 생각하게 된다. 이런 생각은 겸손을 부르고 혹시나 있을지 모를 실수나 오류를 예방해주는 역할을 했다. 아마도 그 과거의 상처와 그에 대한 용서가 없었다면, 이러한 겸손의 자세를 제대로 갖추기 힘들었을 것이다. '교훈으로부터 배운다'는 말은 머리로는 알고 있었지만, 그때 처음 가슴으로 받아들일 수 있었다.

용서란 자기를 보호할 수 있는 최고의 무기이다. 살면서 내가 전혀 잘못을 하지 않았음에도 불구하고 큰 피해를 얻을 수가 있다. 지진이나 쓰나미가 내 가족을 앗아갈 수도 있고, 음주운전 사고에 의해 목숨을 잃을 수도 있다. 미국에서 종종 일어나는 무차별 총기 난사 사건의 희생자들도 그렇다. 누군가에 의해 일방적으로 당하는 피해이다. 문제는 이런 일이 발생했을 때 피해를 복구할 방법이 없다는 점이다. 물론 법적으로 처벌하고 피해보상을 받을 수 있겠지만, 그렇다고 마음의 상처까지 온전히 복구되기는 힘들다. 이럴 때 그나마 자신을 추스르고 토닥이며 앞으로 나갈 수 있는 계기가 되는 것이 바로 용서이다. 거기다 분노라는 스트레스가 건강에 악영향을 미친다는 점은 누구나 알고 있는 상식이다. 그 스트레스에 벗어나지 않는다면 마음뿐 아니라 몸도 만신창이가 될 수 있다. 누군가에 대한 분노는 그와는 전혀 관계없는 또 다른 사람과의 관계를 악화시키기도 한다. 다른 사람에게 배신을 당한 사람이라면, 사람 자체가 미워지고 믿을 수 없는 현실과 맞닥뜨리게 된다. 하지만 그런 상태에서는 올바른 관계 협업을 유지할 수가 없다.

용서가 곧 망각을 의미하는 것은 아니다. 그냥 기억의 뒤편에 묻어놓고, '그래, 뭐 지난 일은 잊자'라는 의미는 아니라는 점이다. '역사를 잊은 민족에게 미래는 없다'는 말을 들어보았을 것이다. 이것은 민족에게만 해당하는 것이 아니라 개인에게도 해당된다. 자신의 과거, 특히나 분노할 만한 큰 일이 있었다면 그것을 잊지 않고 반추해야만 더 나은 역사를 써나갈 수 있다. 어쩌면 오늘도 누군가를 용서하지 못해 불면의 밤을 보내는 사람이 있을 것이다. 그런 분들에게 꼭 하고 싶은 말이 있다. 용서를 해야 당신이 살 수 있는 길이 열린다고.

거센 감정을
다스리는 능력

외국에 있으면 한국인들의 특성이 훨씬 잘 보인다. 순간순간 '한국 사람들이라면 이러지 않을 텐데', 혹은 '한국 사람들하고는 많이 다르군'이라는 생각이 떠오른다. 한국 사람의 가장 두드러지는 특징 중 하나가 바로 '투지'가 아닐까 생각한다. 한국인은 참으로 강하다. 주어진 환경을 개선하고, 모두가 '안 될 일'이라고 단언해도 끊임없이 되는 방향으로 생각하고 접근한다. 열악한 환경에서도 '안 되면 되게 하라'는 식의 저돌적인 성장 전략으로 발전해 온 덕분인지, 그 근성은 호주 사람들에 비할 바가 아니다. 그런데 이런 성향에도 단점은 있다. 외적 환경만이 아니라 자신의 감정과도 싸워 이기려고 한다는 점이다. 감정은 몰려오는 파도와 같아서 피해버리면 그만인 때도, 끝내 싸워 이기려 하다 보니 감정에 압도당할 경우 그로 인한 좌절감이 더욱 큰 것 같다.

스트레스를 다루는 비책

다행히 나는 스트레스를 받아도 밤잠을 설치지 않고 숙면을 취하는 체질을 타고났다. 덕분에 스트레스에 계속 짓눌리며 불안해 하지 않는다. 힘든 하루를 보내고도 '아침이 되면 다 잘 될 거야!'라고 마음을 가다듬으며 한숨 푹 자고 일어나면, 다음날 새로운 기분으로 문제를 바라볼 수 있다. 나에게 숙면은 PC를 다시 부팅하는 것과 다르지 않다. 컴퓨터도 계속 쓰다 보면 속도가 느려지는 경우가 많은데, 이때 부팅을 하면 파일이 정리되면서 더 효율적으로 돌아가는 것처럼 말이다. 숙면으로 스트레스와 체력을 관리하는 셈이다.

스트레스를 대하는 방식은 정말 중요하다. 특히 일과 사업에서 생기는 스트레스는 좀처럼 날려 버리기가 쉽지 않다.

문제를 해결하지 못하면 경제적인 타격을 입고, 신뢰에 손상이라도 가면 문제가 더 심각해진다. 현지인들끼리도 신뢰를 잃으면 타격이 큰데, 나 같은 외국인이 신뢰를 잃으면 더 큰 비난과 충격을 입기 때문이다. 그러니 일터와 일상에 늘 긴장이 흐르고 스트레스를 이기기 쉽지 않다.

그런 면에서 스트레스를 다스리는 자신만의 방법이 하나 정도는 있어야 한다. 우리는 평생을 살면서 이 스트레스를 관리해 나가야만 한다. 살아 숨 쉬며 사회생활을 하는 한, 스트레스는 사라지지 않기 때문이다. 그러니 효과적인 스트레스 대응법이 있다면, 그때그때 활용할 수 있는 유용한 삶의 팁을 가지고 있는 것과 마찬가지다.

감정의 파도가 밀려올 때

외로움도 하나의 스트레스이다. 타인이 아닌, 내 스스로 만들어내는 스트레스다. 외로움은 사실 굉장히 복합적인 감정이다. 그냥 주변에 사람이 없으니 쓸쓸하다는 정도가 아니다. 나는 왜 이런 상태가 되었을까 하는 의문이 들고 내 능력과 인성에 문제가 있는 건 아닌지 자책하게 된다. 나를 외면하는 사람에 대한 원망도 생긴다. 그리고 앞으로도 이런 상태로 남는 건 아닌지 불안까지 생긴다. 외로움은 다방면에서 스스로를 움츠러들게 만드는, 나 자신에 대한 총체적인 공격이다.

하지만 감정은 파도일 뿐이다. 세차게 몰려드는 때가 있는가 하면, 언제 그랬는지 모르게 다시 밀려나간다. 사랑하는 사람이 내 곁을 떠났다 해도 시간이 지나면 감정의 파도 역시 물러난다. 이런 슬픈 감정에 비하면 외로움은 아무 것도 아니다. 누군가 나를 떠난 것도 아니고, 살면서 커다란 손해를 입거나 씻을 수 없는 상처가 생기는 것도 아니다. 현실은 변한 것이 없고 내 마음만 외로움으로 출렁거릴 뿐이다. 행복이라는 감정도 마찬가지다. 아무리 행복한 순간을 맞이해도 그것 역시 파도처럼 사라질 것이다.

우리에게는 감정을 피할 능력이 있다. 감정은 절대 벗어날 수 없는 족쇄가 아니다. 거세게 몰려오는 감정을 한 발 물러나 자세히 들여다 보면, 물이 빠지듯 어느새 조용히 잦아드는 것을 볼 수 있다. 어떤 면에서는 한국인의 강한 투지와 도전정신도 격찬하기만 할 것이 아니라 정말 유익이 될 것인지 확인할 필요가 있다.

다양성,
그중에서도 나만의 강점 찾기

호주에 처음 왔을 때 가장 인상 깊었던 것은 비행기 안에서 바라본 시드니의 수려한 풍광이다. 오페라 하우스로 상징되는 시드니는 아름다운 항구로 유명하지만, 그에 못지 않게 자연과 조화를 이룬 도시 경관이 인상적이다. 이곳의 개인 주택은 한국과는 다르게 대부분 붉은 벽돌로 지어진 단독 주택이다. 아파트와 다세대 주택이 친근한 한국 사람들에게는 이 도시의 풍경 자체가 아름답게 보일 수밖에 없다.

거꾸로, 호주 사람들은 벽돌 대신 한국처럼 콘크리트 주택으로 자기 집을 차별화하고 싶은 욕구는 없을지 궁금했다.

그런데 정말로 현지에서 콘크리트로 집을 지을 기회가 생겼다. 콘크리트 주택은 빨간 벽돌집들 사이에서 더 도드라지며 독특한 아름다움을 뽐냈다. 나는 콘크리트 주택이 익숙한 나머지 그것이 새로운 도전이자 기회가 될 거라는 생각을 미처 하지 못했는데, 내가 이미 잘 알고 잘 할 수 있는 일들이 나의 숨은 경쟁력이자 차별화된 새로움으로 그들에게 다가갔던 것이다. 다양성은 인간 관계나 사업을 성장시키는 중요한 동력이며, 다양성 가운데서도 자신만의 특질을 정확히 파악하고 이를 활용한다면 틈새 시장을 공략할 수 있다. 나 자신도 나만의 강점을 가진 특별한 존재가 되는 것은 물론이다.

다양성이 경쟁력이다

한국 사회를 흔히 '획일화된 사회'라고 비판하기도 한다. 나 역시 한국에서 학교와 군대까지 다녔기에 이미 그러한 획일화에 익숙한 삶을 살아왔다고 볼 수 있다. 그런데 이러한 모습은 지금도 남아 있는 것 같다. 얼마 전 한국 뉴스를 보다 '등골 브레이커'라는 겨울 패딩이 유행한다는 소식을 들었다.

인터넷으로 사진을 보니 한 반의 절반 이상의 학생들이 똑같은 브랜드, 똑같은 색깔의 패딩 점퍼를 입고 있었다. 이걸 유행이라 해야 할지 아니면 집단주의라 해야 할지 난감하지만, 어쨌든 획일화의 일면임은 틀림없다. 그런데 이러한 획일화된 모습, 즉 개성이 존중되지 못하고 서로가 서로를 닮아가려는 경향은 다른 나라에 비해 우리가 좀 더 강하다.

미국의 한 심리학자는 무려 10년간 여러 나라의 문화를 분석해 오면서 '빡빡한(tight) 사회'라는 개념을 제시했다. 빡빡한 사회란 '튀는 행동'을 잘 용납하지 않는 사회, 명문화하지는 않아도 지켜야 할 규범이 많은 사회이다. 우리가 어릴 때부터 들어온 '남자는 그러면 안 돼', '여자 아이가 왜 그러니'와 같은 규범이 많은 사회라고 할 수 있다. 그런데 그 조사결과가 놀라왔다. 전 세계에서 제일 빡빡한 나라 1위인 파키스탄과 말레이시아, 인도, 싱가포르에 이어 한국이 5위에 든 것이다. 엄격한 사무라이 정신이 통하는 일본도 8위인데 말이다. 싱가포르야 길거리에서 침을 뱉어도 엄청난 벌금을 매기는 나라이니 그렇다 쳐도, 우리나라가 바로 그 다음 순위라는 것이 놀라왔다.

그런데 이렇게 경직된 사회일수록 '남과 다르게 사는 것'

이 인정되지 않는 것 같다. 다양성 자체가 인정되지 않는다는 이야기다. 이런 사회에서 살다 보면 나를 계속 다른 사람과 비교하게 된다. 나를 다양성의 관점으로 보지 않고 획일된 관점으로 바라보면서 남들을 따라하게 된다. 물론 나 역시 오랫동안 이런 분위기 속에 자라고 살아온 탓에 호주에 와서야 비로소 다양성이 어떻게 경쟁력이 되는지, 왜 나 자신을 다양성의 관점에서 봐야 하는지를 깨달았다.

호주로 복귀했을 때만 해도 내가 건축 전문가는 아니지만, 신사업 방향을 건축으로 잡으니 주택을 보는 눈도 달라지고 새로운 비즈니스 포인트도 떠올랐다. '콘크리트 방식으로 집을 지으면 시간과 비용을 줄일 수 있는데, 그럼 호주 사람들도 좋아하지 않을까?' 특히 호주인들은 벽돌로 집을 짓는 것이 가장 저렴한다고 생각한다. 하지만 실상은 전혀 그렇지 않다. 콘크리트 집이 벽돌 집보다 저렴하면 저렴했지, 결코 비싸지 않은 단가다. 그래서 그들이 모르는 것을 깨우쳐 주고, 한국식 유로폼(거푸집)에 콘크리트 공법을 활용하면 경제적으로도 충분히 승산이 있을 것이라 예상했다.

'자랑스런 눈길'로 나를 보라

건축주들을 만날 때마다 나는 콘크리트 집의 차별성과 저렴한 단가를 적극 홍보하고 어필했다. 그러자 다소 남다른 집을 짓고 싶어 한 어느 건축주가 내 생각에 동의해주어 마침내 콘크리트 집을 짓게 됐다. 완성을 하고 나니 건축주도 몹시 흡족해 하고 시공 단가도 벽돌집과 비슷했다. 나는 여기서 한 걸음 더 나아가 노출 콘크리트 기법도 도입했다. 원래 콘크리트는 구조를 만드는 용도이며, 건물을 완성하기 위해서는 별도의 마감재가 필요하다. 하지만 언제부터인가 콘크리트 자체를 마감재로 활용해 건축의 미를 표현하는 방법이 확산되기 시작했다. 특히 노출 콘크리트 기법에 있어서 한국의 기술은 세계 최고 수준이다. 나에게는 익숙하지만 호주인들에게는 매우 특별한 건축 마감 방식이 아닐 수 없다.

'나한테는 평범하지만 다른 사람에게는 특별한 그 무엇'은 비즈니스에서 뿐만 아니라 우리 삶의 모습에서도 똑같이 적용된다. 사실 자신이 보는 모습은 매우 익숙하다. 어릴 때부터 해왔던 생각, 가져왔던 능력이 있다 보니 자신에게는 별반 색다르지 않다. 그래서 그 가치를 느끼지 못하는 것이다. 이런 상태에서 머리 속에 '획일화' 개념이 들어있다면 자신의 것을 소중히 여기기보다 '남의 떡'이 더 탐나는 상태가 된다. 물론 자신에게 부족한 것을 채워가려는 노력도 중요하지만, 이미 자신이 가지고 있는 것의 소중함과 가치를 믿는 일은 더 중요하다.

누구나 타인을 보며 자신을 비교한다. 작정하고 비교하는 것이 아니라 자신도 모르게 타인을 평가하며 본능적으로 비교하는 것이다. 이제부터는 '부러운 눈길'로 타인을 보는 대신 '자랑스런 눈길'로 자신을 바라보자. 그러면 자신의 장점이 드러나 보인다. 다만 지나치면 근거 없는 우월감으로 타인을 무시할 수도 있다. 자만이 아닌 평온한 마음으로 자신을 사랑하겠다는 태도를 가진다면, 자신의 소중함, 가치, 의미를 깨달을 수 있고, 그것이 타인들과 어우러지는 능력이 될 수 있다. 내가 가진 장점, 다양성에 다른 사람이 가진 장점과 다양성을 결합시킨다면, 언제 어디서든 '인기 만점'인 사람이 될 수 있다. 그것이 관계 협업의 또 다른 방법이기도 하다.

외로움도
능력이 된다

한동안 나는 외로움과 싸워 이기려고 했다. 그래야 강해질 수 있다고 믿고, 힘든 인생에서 살아남을 수 있다고 생각했다. 그러다 어느 순간 "왜 외로움이 꼭 없어져야 하지?"라는 생각이 떠올랐다. 외로움도 인간의 자연스러운 감정인데, '정말로 아무 소용 없는 감정으로 치부해도 될까?' 하는 의문이 든 것이다.

　　어느 순간부터 외로움을 활용해보자는 생각이 들었으며 차라리 외로움이 가진 장점을 이용하고자 했다. 그러자 외로움은 더 이상 절대적으로 부정적이기만 한 감정이 아니라 긍정적인 능력이 될 수 있었다. 중요한 것은 외로움 자체가 아니라 외로움을 대하는 나의 태도이기 때문이다.

혼자만의 동굴에
거할 때

가끔 주변에서 이런 대화가 들린다.

"야, 오랜만이다. 그동안 왜 소식이 없었냐? 연락 좀 하지!"

나는 이런 말을 들을 때마다 "그럼 왜 당신이 먼저 연락하지 않았어요?"라고 묻고 싶다. 둘 사이가 대단한 갑을 관계도 아닐 텐데, 연락을 먼저 해야 하는 사람과 가만히 앉아 받기만 해도 되는 사람이 따로 있을까? 외로움이라는 것도 마찬가지이다. '나는 외로워'라고 말하는 사람을 보면, 혹여 자기 자신을 다른 사람이 먼저 다가와 주어야 하는 높은 위치에 있는 사람으로 착각하는 건 아닌지 궁금해진다. 정말로 간절하게 보고 싶은 사람이 있으면 내가 먼저 연락하면 되듯이, 정말로 외로움에서 벗어나고 싶다면 내가 먼저 다가가면 될 일이다. 그런 점에서 외로움은 스스로 만든 동굴인지도 모른다.

호의는 관계로 발전한다

파푸아뉴기니는 참으로 낯선 세계였다. 아는 사람이라고는 현지 사업 파트너뿐이었다. 그런데 그런 관계는 그저 사무적일 뿐, 서로 인간적으로 다가가기에는 다소 무리가 있다. 또 그렇게 해서는 안 되는 경우가 대부분이다. 인간적으로 너무 가까워지다 보면, 때로 업무가 방해 받을 수도 있기 때문이다. 하지만 그렇다고 낯선 나라에서 아는 사람도 없이 일만 할 수도 없는 노릇이다. 거기다 낯선 외국인이 나에게 다가와 주기를 기대하는 것은 더더욱 무리다.

방법은 딱 하나. 내가 먼저 다가가서 인사하고 배려하고 친해지려고 노력하는 것이다. 내가 파푸아뉴기니를 오가면서 가장 신경 쓴 일 중 하나는 바로 공항 경비원들과 친해지려 노력하는 것이었다. 사실 이 나라 경비원의 삶이란 참 곤궁하다. 직업은 있지만, 한 달 벌어 한 달 사는 가난한 노동자일 뿐이다. 그에 비하면 내가 훨씬 우위의 조건이다. 그들보다 훨씬 잘 사는 나라에서 그것도 이름 있는 대기업에서 파견 나간 입장이니 사실 그들의 삶과 비교할 수가 없다. 어쩌면 그들이 호의를 보여줘도, 내가 관심을 주지 않으면 그만인 관계이다.

하지만 내 생각은 달랐다. 그 사람의 지위와 능력이 무엇이든 간에 사람과의 인연은 소중하고 언젠가는 서로에게 도움이 된다고 믿었다. 그러다 보니 그들에 대한 '호의'가 어느 순간 '관계'가 되기 시작했다. 그리고 그 관계는 서로 도움을 주고받을 수 있을 만큼 친밀해졌다. 경비원들과 친해지다 보니 항공사 매니저, 승무원들과도 친해질 수 있었다. 호주와 파푸아뉴기니를 오가는 '에어 뉴기니'라는 항공사의 여자 매니저와도 알고 지내는 사이가 됐다. 한국에 대한 동경을 가진 사람이라 빨리 친해질 수 있었다. 사심 없이 대하며 가끔은 작은 선물을 주기도 했다. 그러면 늘 그녀는 그 이상으로 보답해주었다. 비행기 좌석에 여유가 있으면 자신의 재량으로 비즈니스석으로 업그레이드해 주기도 하고, 공항을 빠르게 오가는 패스트 트랙을 이용할 수 있도록 패스 카드도 제공해 주었다. 그녀와 친해지니 기장들과의 인연도 자연스럽게 만들 어졌다.

한번은 본사에서 온 임원이 비행기를 타야 했는데, 도저히 티켓을 구할 수 없었다. 그때 도와준 이들이 바로 기장들 이었다. 일반석에 자리가 없으니 기장석 옆자리에 탈 수 있도 록 해준 것이다. 우리나라 같으면 절대 있을 수 없는 기상천외한 일이었지만, 그 나라에서는 가능한 일이기도 했다.

결국 이 모든 것은 타인에 대한 나의 호의에서 시작됐고, 그들이 나에게 다가와 주기를 바라지 않고 먼저 다가간 덕분 이었다. 내가 다가서자 그들도 마음의 문을 열고, 나와 같은 외국인의 배려에 두 배, 세 배의 감동으로 되돌려주었다.

나를 확장해 나아가는 길

'감정은 습관이다'라는 말이 있다. 듣고 보니 그럴 듯하다. 나의 행동은 늘 하던 대로의 습관에 맞춰져 있고 거기서 벗 어나기를 싫어한다. 감정을 처리하는 방법도 마찬가지다. 슬픈 감정이 몰려왔을 때 어떻게 하는지, 두려움이 엄습할 때는 어떻게 하는지, 모두 각자의 대처 방식이 있다. 그리고 그것이 어느 정도 익숙해진 성인의 나이가 되면, 감정을 거의 습관처럼 다루게 된다.

어쩌면 우리는 외로움이라는 감정을 너무 과대평가하고 있는지도 모른다. 학자들은 외로움을 '영혼에 생긴 커다란 구멍', '침묵의 살인자'라고 표현하고, '끔직한 결과를 낳는 것이 외로움'이라고 규정한다. 하지만 외로움을 느끼는 사람이라고 늘 슬프기만 한 사람은 아니다. 어떤 사람은 외로워도 행복해지려고 하고, 행복해도 더 나아지기 위한 노력을 멈추지 않는다. 외로움을 느끼고 그 감정 안에 자신을 그대로 놓아두는 것도 일종의 습관이다.

외로움을 습관에 내맡기지 말고, 그것을 하나의 '신호'로 삼아 새로운 전환점을 마련해 보는 것은 어떨까? 외로움을 벗어나고 극복해 가는 과정은 나만의 좁은 동굴을 깨고 사회와 사람들로 나아가는 과정이다. 나 혼자 할 수 없는 수많은 일을 함께 해나갈 수 있는 사람들과 연대하는 자기 확장의 과정이다. 그래서 나는 외로움을 하나의 '신호'라고 생각한다.

'아, 또 때가 됐구나! 다른 사람들과 소통할 시간이 왔어!'

마음의 문을 열고 타인에게 다가가라는 신호. 지금 바로
타인에게 손을 내밀고, 먼저 연락하라는 그런 신호 말이다.

외로움의 두 얼굴

과거에는 어떤 행동이 나쁜 것인 줄 알았는데, 나중에 보니 좋은 것이었다는 사실을 뒤늦게 깨닫는 경우가 있다. 이럴 때는 약간 억울한 마음이 든다. 그 행동을 하면서 나름 가슴이 아프거나 죄책감을 느끼곤 했는데, 전혀 그럴 필요가 없었기 때문이다. 반대로 좋은 것인 줄 알고 했는데 알고 보니 나쁜 것으로 드러나면 적잖게 당황하고 후회도 된다. 그때는 매우 즐겁고 흔쾌히 실행했지만, 그게 결과적으로 나쁜 일이었다는 생각에 또 다른 유형의 억울함이 느껴지기 때문이다. 우리는 배고픔을 아주 싫어하지만, 그게 계속 이어지면 건강에 좋은 단식이 된다. 외로움이 길어지면 자신이 처한 환경을 탓하지만, 다른 한편으로는 인간관계 디톡스가 되어 정신건강에 도움이 된다. 어쩌면 지금 우리가 살아가고 있는 복잡다단한 세상에서는 무엇이 '좋다' 혹은 '나쁘다'라는 단정적인 태도가 더 해로울 수 있다.

밥에 대한 슬픈 기억과 보상 심리

과거 가난한 시대를 지나온 분들이라면 누구나 비슷하겠지만, 나는 어린 시절에 밥에 대한 가슴 아픈 추억이 있다. 첫 번째 추억은 10살부터 할아버지와 함께 살면서 먹던 밥상이다. 늘 어머님이 차려주시는 밥을 먹다가 할아버지와 밥을 먹으려니 왠지 초라한 기분이 들었다. 아무래도 할아버지보다는 가사일을 많이 해본 어머니가 반찬 솜씨도 더 좋았고, 그런 어머니가 푸짐하게 차려 주시던 밥을 더 이상 먹을 수 없다는 설움도 느꼈기 때문이다. 게다가 할아버지와 단둘만의 식사는 낯설고 어색했다. 늘 마주하던 밥상에 대해 새삼 생각해 본 것도 아마 그때가 처음이었을 것이다.

밥에 관한 두 번째 추억은 중학교에 올라갔을 때이다. 학교에 가려면 매일 두 시간을 기차로 통학해야 했기 때문에 밥도 제대로 챙겨먹기가 힘들었다. 아침에 일어나면 서둘러 학교에 가느라 밥 먹을 시간이 없고, 저녁에 돌아와도 반찬거리가 다 떨어진 경우가 많았다. 그럴 때면 김이 모락모락 나는 밥그릇이 눈앞에 둥둥 떠다니는 것 같았다. 어떻게 보면 외로움과 굶주림이라는 아픈 경험으로 점철된 어린 시절이기도 하다. 그래서인지, 나이가 들면서부터는 꼭 끼니를 챙기고 잘 먹으려고 했다. 아마도 무의식에 남아 있는 아픈 어린 시절에 대한 보상 심리 때문일 수도 있을 것이다. 또 그래야만 체력도 유지하고 건강해진다고 믿었다.

그런데 반전이 있었다. 그냥 한 끼를 거르는 것도 아니고 며칠씩 굶주리는 단식이 우리 몸에 무척 좋다는 것을 알게 됐다. 굶는 것이 몸의 독소를 배출하고 세포도 재생시키고 면역력도 강화한다는 것이다. 거기다 지나치게 칼로리를 많이 섭취하고 과식을 하면 오히려 수명이 짧아진다고 한다. 굶주림은 이렇듯 두 얼굴을 가지고 있다. 만약 내가 어릴 때 이 사실을 알았다면 굶주림도 기쁘게 견딜 수 있었을 텐데. 왠지 억울하다는 생각이 든다. 지금은 일이 바빠 끼니를 거르면서도 밥을 꼭 먹어야 한다는 생각은 들지 않는다. 며칠씩 굶는 게 아닌 이상, 한두 끼 정도 거르는 것은 편안하게 받아들일 수 있기 때문이다.

관계에도 적정 거리가 필요하다

외로움도 이런 두 얼굴을 가지고 있다. 혼자 있으면 외로움을 느끼지만, 사람이 너무 가깝게 접근하면 인간은 공포와 불안을 느끼게 된다. 친한 친구 사이는 대략 1미터, 연인이나 부모 자식 간에는 50센티미터 정도가 딱 알맞은 거리라고 한다. 비즈니스를 할 때도 거리가 너무 가까우면 부담스럽다. 반대로 친밀한 사람인데 너무 멀리 있으면 가까이 가고 싶어진다. 결론적으로 주변에 사람이 너무 멀리 있어도, 너무 가깝게 있어도 문제인 셈이다.

사회생활을 하다 보면 관계, 인연이라는 것이 마치 파도 같다는 생각이 들기도 한다. 파도는 내가 원하지 않아도 밀려오고, 내치지 않아도 스스로 물러간다. 어떨 때는 파도처럼 관계가 밀려와 주변에 사람이 많을 때도 있지만, 딱히 대화할 사람이 없는 순간도 온다. 하지만 주변에 사람이 많다고 꼭 행복감을 느끼는 것은 아니다. 주변에 사람이 많으면 사건도 많아진다. 누가 누구와 싸웠다느니, 배신을 했다느니, 사이가 멀어졌다느니 하며 신경 쓸 일이 많아진다. 아무리 오지랖이 넓은 사람도 이렇게 에너지 쓸 일이 많아지면 피곤해질 수밖에 없다. 이럴 때는 적당한 거리를 두어 관계의 디톡스를 해야만 한다.

외로움의 두 얼굴을 알게 되면, 외로움에 대처하는 방식을 좀 더 세련되게 다듬을 수 있다. 누가 다가와도 평상심을 잃지 않고, 물러가도 무심해진다. 밥을 굶는 것도 몸에 좋고 먹는 것도 몸에 좋은 것처럼, 외로워도 괜찮고 외롭지 않아도 괜찮은 자신만의 평정을 유지할 수 있기 때문이다.

어쩌면 외로운 게
당연하다

어떤 전문가는 '인간이 외로움을 느끼도록 진화해 왔다'는 주장을 하기도 한다. 처음에는 이 말을 듣고 꽤 의아했다. 외로움이 뭐가 그렇게 좋은 것이라고 진화까지 했다는 말인가. 그러나 외로움을 느껴야만 함께 할 사람을 찾게 되고 그 안에서 협동을 하면서 생존할 수 있다는 의미라고 한다. 만약 원시시대에 외로움을 느끼지 않는 사람이 있었다면, 그는 혼자 있다가 맹수의 공격을 받아 죽기 딱 알맞다. 외로움을 느껴야만 사람들과 함께 하고 맹수의 위험으로부터 벗어날 수 있기 때문이다. 어쩌면 외로움은 당연한 것이다. 다만 그것을 어떻게 받아들이느냐가 문제일 뿐.

젊음, 마냥 부럽지만은 않다

'외로움'이라고 하면 쓸쓸하게 앉아있는 노인의 모습이 떠오르기도 한다. 힘들게 키운 아이들은 이제 다 자기 길을 찾아 떠나고 홀로 남은 노인은 그 자체로 외로움의 상징처럼 여겨지기도 한다. 혼자 사는 노인의 쓸쓸한 죽음을 이르는 '고독사'라는 말도 있듯이, 나이가 들수록 외로움을 더 절실하게 느끼게 된다고 생각한다. 그런데 사실은 그 반대라고 한다. BBC와 영국의 어느 대학이 조사한 바에 따르면, 나이든 사람보다는 젊은 사람이 더 외로움을 많이 느낀다고 한다.

내 과거를 돌아봐도 그렇다. 삶의 여유가 없으니 더 절박했고, 바라는 것이 많았으니 내가 가진 것은 더 초라해 보였다. 이렇게 본다면 청년의 외로움은 너무도 당연한 것이다. '청년'이라는 말 자체는 아름답지만, 이들은 인생에서 아직 미완성 단계에 있다고 할 수 있다. 이룬 것은 미미한데, 해야 할 경험은 너무 많기 때문이다. 나이든 사람들은 '열 살만 더 젊었더라면'이라며 청춘을 부러워하지만, 사실 그것은 그저 물리적인 시간이 더 많이 주어지거나 혹은 신체적 건강함을 부러워하는 것이지, 미숙함이나 경험의 부족까지 원하는 것은 아니다. 그래서—내 주변에서도 그렇고 나도 그렇지만—'별로 젊은 시절로 돌아가고 싶지 않다'고 말하는 사람들도 꽤 있다.

재미있는 것은 이런 사실이 실험으로도 증명됐다는 점이다. 독일의 '막스플랑크 인간발달연구소'라는 곳에서 20~30세까지의 그룹, 65~80세까지의 그룹에 대해 여러 가지 인지 능력을 평가했다고 한다. 결론은 '노인 그룹이 훨씬 더 안정되어 있다'는 것이었다. 그 이유는 매일 일상적인 균형을 유지하고, 매우 높은 수준의 동기부여를 능수능란하게 할 수 있으며, 일을 해결하는 전략적인 방법을 이미 배웠기 때문이다. 듣고 보면 충분히 그럴 만하다. 이럴 때 한국 사람들은 "그러니까 나이는 숫자에 불과해"라고 말하는데, 그런 표현은 영어에도 있다. 서양권에서는 나이를 대놓고 물어보지는 않지만, 혹시라도 그런 말이 나오면 흔히 "나이는 숫자에 불과하다고 Age is nothing but a number!"라고 대꾸한다.

나를 만들어 가는 재미

건축현장에서 내가 느끼는 큰 재미와 흥미 중 하나는 종이에 그려진 설계도가 마치 마법처럼 하나씩 현실화된다는 것이다. 수많은 건축 도구, 자재, 인력이 하나로 어우러져 마치 공간 위의 그림처럼 완성돼 가는 모습은 지금도 여전히 나를 흥분시킨다. 예술을 창작하는 사람들이 느끼는 재미와 쾌감이 바로 이런 것이 아닐까 싶다. 청춘은 바로 이렇게 자신의 인생을 마법처럼 그려가고, 창작을 하듯 하나씩 완성해가는 즐거움이 있는 시기라고 생각한다. 청춘이 정말 아름다운 나이인 것은, 바로 이런 이유 때문이다. 하루의 경험, 하루의 생각, 그리고 하루의 실패와 성공이라는 수많은 조합으로 자신을 만들어 나갈 수 있다. 반면 청춘이 더 외로운 것은 어쩌면 혼자서 스스로를 단련해 나가야 하는 시기이기 때문일 것이다. '단련鍛鍊'이란 쇠를 불에 달구는 것도 모자라 두드리기까지 하는 과정이다. 고통을 느끼거나 외롭지 않다면 그게 오히려 이상한 일이다.

배가 고프면 배에서 꼬르륵 소리가 나면서 기운이 떨어진다. 이것은 밥을 먹어서 영양분을 보충하라는 신호일 뿐, 그 자체가 부정적인 상태를 의미하는 것은 아니다. 그 누구도 배가 고플 때 나는 소리를 듣고 절망에 빠지지 않는다. 그냥 밥을 먹으면 되기 때문이다. 외로움을 이렇게 받아들여 보면 어떨까? 외로움을 느낄 때마다 '지금은 내가 스스로 단련돼 가는 과정이구나', '미래의 멋진 한 장면을 만들기 위해 견뎌야 할 시간이구나'라고 생각해 보자. 내가 스스로를 만들어 나가는 청춘의 재미를 더 느낄 수 있을 것이다.

외로움,
그 관점의 전환

팬데믹 시대 이전에도 외로움은 늘 사람들을 괴롭혀온 감정 중 하나였다. 한국에서도 훨씬 전부터 '혼술', '혼밥'이 유행했고 1인 가구도 상당히 늘어났다. 이런 경향은 한국만의 특이한 현상이 아니다. 호주도 1인 가구가 꾸준하게 늘어나 시드니가 있는 뉴사우스웨일스 주의 경우 앞으로 전체 가구의 40% 가량이 1인 가구가 될 것으로 전망한다. 혼자 살면 외로워지는 사람들이 많고, 이로 인해 고통받는 사람도 늘 수밖에 없다. 외로움이 심장병이나 유방암, 당뇨와 같은 '질병'으로 규정된 지도 꽤 오래된 것으로 알고 있다. 외로움은 하루에 담배 열다섯 개비를 피운 것과 같은 정도로 해롭다고 하고, 신체적인 질병보다 유해성이 더 높다고 말하기도 한다.

외로움을 보는 두 가지 시선

나 역시 처음에는 외로움을 견디기 무척 힘들었다. 부모와 함께 있는 친구들의 모습에 멍이 들고, 왜 나에게는 저런 환경이 주어지지 않는지 슬펐다. 청년이 되어도 그 오랜 외로움의 그림자는 쉽게 걷히지 않았다. 이렇게 오랜 시간 외로움과 싸우면서 깨달은 것이 있다. 바로 외로움은 보는 관점에 따라서 전혀 다른 두 가지 모습을 가진 매우 특이한 감정이라는 점이다. 누군가에게는 '질병'처럼 괴롭지만, 다른 누군가에게는 더할 수 없이 소중하고 행복한 감정을 안겨주기도 한다. 그래서 자발적으로 혼자 있는 것을 즐기고 스스로 관계를 정리하기도 한다. 종교인들의 수행이라는 것도 대개 홀로 행하는 경우가 많다. 의학적으로 혼자 있으면 심신이 이완돼 스트레스가 해소되는 등 일종의 치유 효과가 생긴다고 한다.

사람이 느끼는 감정 중에 이렇게 극단적으로 평가가 다른 감정은 외로움이 유일하지 않을까? 다른 감정들은 다소 야멸찰 정도로 단단한 정체성을 가지고 있다. 기쁘면 기쁜 것이지 '부정적 기쁨'과 '긍정적 기쁨'이 따로 있지 않다. 슬프면 슬플 뿐이지 애매하게 행복이 섞여 있지도 않다. 그런데 이 외로움만큼은 참 이중적이다. 누군가에게는 질병인데, 또 누군가에게는 치유의 힘이 된다니. 누군가는 벗어나고 싶어 안간힘을 쓰고, 또 누군가는 그것을 애써 찾아다닌다.

호주에 정착해 살면서 영어로도 외로움을 두 가지로 표현한다는 사실을 알게 됐다. 하나는 '론리니스loneliness'라는 말로, 우리가 일반적으로 알고 있는 부정적이고 괴로운 외로움을 말한다. 반면 '솔리튜드solitude'라는 말도 쓰이는데 이는 즐겁고 행복한 고독이라는 뜻이다.

그런 점에서 외로움은 싸워서 이길 대상도 아니고, 무서워하며 피해 달아날 감정도 아니다. 단순히 '좋다, 나쁘다'로 규정지을 수도 없다. 외로움은 그것을 대하는 사람의 태도에 따라 그 모습을 무한히 바꾸는 '액체괴물' 같은 존재다. 정신 차리고 잘 다루면 내 손을 잡고 함께 달려주는 절친 같은 것이지만, 외로움에 밀려 뒷걸음질 치면 나를 더욱 절벽으로 밀어붙이는 사악한 적이 된다.

관계 협업의 출발점

그런데 어떤 것이 외로움의 이러한 성격을 바뀌게 하는 것일까? 나는 그것이 '나에 대한 인식'이라고 생각한다. 아무리 육체적으로 혼자 있다고 하더라도 내가 다른 사람과 연결되어 있고 언제든 소통할 수 있다면 외로움은 내 생각에 압도당하고 만다. 그리고 순순히 그 생각에 참여해 절친이 되어 준다. 반대로 '나는 버림받았다'는 느낌, 그래서 스스로를 '외톨이'라고 인식하면 외로움은 거침없이 적으로 돌변한다. 사람 마음이 참 간사하다는 말도 있지만, 사람보다 더 간사한 게 바로 외로움이라는 감정이다.

외로움과 고독의 차이는 바로 여기에서 발생하는 것이기도 하다. 혼자 있는 시간을 부정적으로 받아들이면 '론리니스'가 되고, 그것을 기꺼이 받아들이면 '솔리튜드'가 된다. 결국 모든 것이 나에게 달려 있을 뿐이다. 심장이 조여오는 외로움에 대한 두려움도 내가 만든 것이고, 홀로 있을 때 샘솟는 고독의 기쁨도 내가 만든다.

내가 홀로 있는 시간을 다루는 방법은 바로 '관계 협업'이다. 사실, 관계만큼이나 협업의 기술이 필요한 것도 없다. 모두가 슬퍼도 나 혼자 행복할 수 있고, 모두 행복해도 나 혼자 슬플 수도 있다. 행복과 슬픔은 각자에게서 독자적인 방식으로 존재한다. 하지만 관계는 쌍방향이다. 내가 상대방을 위해 주는 마음이 있어야 상대방도 나를 위해줄 수 있으며, 내가 상대방을 미워하기 시작하면 자동적으로 그 사람도 나를 미워한다. 따라서 서로 협력해서 관계를 잘 만들어가려 노력한다면, 외로움이 나에게 범접할 수 없는 든든한 장벽을 쌓을 수 있다. 어딜 가든 협업할 사람을 찾아내고 그를 나의 편으로 만들 수 있다는 능력에 대한 믿음, 내가 먼저 다가가서 배려하고 친구로 만들겠다는 자세. 이러한 믿음과 자세는 홀로 있는 시간도 결코 외롭게 느껴지지 않게 한다.

야생의 짐승들은 상처를 입으면 동굴로 들어가 꼼짝도 하지 않는다고 한다. 남아 있는 온몸의 에너지를 상처를 치유하는 데 쓰기 위함이다. 홀로 떨어져 있는 시간에 숨을 가다듬고 아픔을 떨쳐 낸 후, 치유가 끝나면 다시 무리 속으로 들어가 먹이를 잡고 새끼를 기르며 살아간다. 외로움을 고독으로 바꾸고 관계 협업의 능력을 갖춘다면, 우리는 언제든 자신을 돌보고 타인과 함께 할 수 있는 유연함을 갖출 수 있다. 나 역시 가끔 마음이 허전한 나날이 계속될 때, 마치 나만의 안락한 아지트를 찾듯, 혼자 있는 시간을 만들어 고독을 불러들인다. 잊지 않고 나를 찾아준 그 고독은 정성스럽게 나의 내면을 단단하게 만들어 주곤 했다.

이제 외로움에 대한 생각을 바꿔보자. 사실 따지고 보면 누구나 혼자이며, 결국 홀로 세상을 떠나간다. 다만 우리는 그 시간을 관계가 주는 행복으로 채우고 꾸밀 뿐이다. 외로움이 나를 망치지 않도록, 이제 조금씩 힘을 내서 나 자신을 되돌아보자.

늙어서도
혼자 잘 살기

　　　　　　팬데믹 사태로 사회적 거리 두기를 시
행하면서 '혼자 놀기', '혼자 잘 살기'에 대한 이야기가 많
이 나오고 있다. 비록 강제된 고립이라고 해도, 그 상황을 기
꺼이 받아들이고 즐거움으로 승화시키기 위한 노력이라 할
수 있다. 영어로는 '나 홀로 데이트'를 뜻하는 '마스터데이팅
Masturdating'이라는 말도 회자된다. 그러나 먼 미래까지 생각
해 보면 어차피 인생 후반기의 상당 부분은 혼자 지내는 시간
이 많을 수밖에 없다. 힘들게 아이를 키웠지만 결국은 독립할
것이고, 평생을 사이좋게 지낸 배우자도 언젠가는 사별하게
된다. 더구나 청년들 중에는 비혼주의자도 늘어나는 것으로

알고 있다. 그 어떤 경우든 앞으로 닥치게 될 '혼자 사는 기간'을 준비해야만 한다. 혼자서도 잘 살기 위해서는 젊을 때부터 습관을 들여놓는 것이 좋다. '한국에서 잘 사는 사람은 외국에서도 잘 산다'는 말이 있듯, 젊어서 혼자 잘 노는 사람이 늙어서도 혼자 잘 살 수 있기 때문이다.

독립적인 삶의 매력

젊은 사람들 귀에 '은퇴 준비', '노후 생활'이라는 말은 잘 들어오지 않는다. 나 역시 마찬가지였다. 지금 한창 생존과 경쟁, 성공을 다투는 마당에 은퇴나 노후라는 말은 너무 멀게 느껴지고, 그런 것까지 신경 쓸 여유가 없다고 여기기 때문이다. 그러나 어느 정도 나이가 되면 분명 이러한 말들에 관심이 가게 된다. 나 역시 이 부분에 관심이 가는 나이가 되었다. 아직 은퇴도 하지 않고 한가한 시간이 많지는 않아 이런 고민에 많은 시간을 쓰지는 못하지만, 잠시 운전을 하는 중에라도 '인생 후반기에 혼자서라도 잘 살려면 어떻게 해야 할까?'라는 생각을 잠시 해본다.

호주에서의 은퇴 후 삶은 비교적 안정적인 편이다. 호주는 '연금 천국'이라 불릴 정도로 연금 제도가 잘 되어 있다. 10억, 20억 원짜리 집에 살아도 연금을 받는 사람들이 흔하다. 아무리 좋은 집에 산다고 해도 월수입이 일정 금액 이하면 누구나 연금을 받을 수 있다. 자녀가 돈이 많아도 상관없다. 그런 면에서 은퇴 후의 삶도 충분히 행복할 수 있는 조건이 된다. 하지만 돈이 있다고 그것만으로 행복할 리는 없다. 결국 마음이 행복해야 한다는 점에서 우리는 스스로를 행복하게 하는 전제 조건들을 젊을 때부터 만들어 가야 한다.

전문가들은 '늙어서 행복하려면 인간관계를 잘 유지하라'는 조언을 많이 한다. 이를 위해 젊을수록 오래 만날 수 있는 사람을 사귀어야 한다고도 말한다. 서로 소통하고 친교를 나눌 사람이 있어야 외롭지 않고 활력이 생기며 자연스레 수명도 늘어난다는 것이다. 물론 이 말에 충분히 동의하지만, 인간관계가 그 모든 행복의 완전한 답이 될 수 있을지는 의문이다. 나이가 들어 가깝게 대화할 사람이 있다고 해보자. 과연 그들과 어떤 대화를 나눌 수 있을까? 왕년의 이야기도 몇 번 하다 보면 지겨워지게 마련이다. 늘 건강은 어떠냐, 자녀들은 잘 지내느냐는 상투적인 이야기만 나누는 관계가 정말 늙어서도 나를 행복하게 해줄까? 인간관계는 기본일 뿐, 그것만으로 충분하다고 볼 수 없다. 거기다 나와 친하게 지내던 사람도 여러 가지 이유로 관계가 끊어질 수 있다. 그렇다면 젊을 때든, 나이가 들었을 때든 관계에 일방적으로 의존하지 않고 독립적인 생활 패턴을 유지하며 자신을 지킬 수 있는 방법을 알아야 한다.

찾는 것이 아니라 창조하는 것

나는 젊을 때부터 한정된 인간관계에 매몰되기보다는 자신이 세운 경계 너머 늘 새로운 쪽을 향하려는 노력을 해야 한다고 생각한다. 나이 들어 가장 좋지 않은 것은 익숙한 생활에 안주하려는 모습이다. 젊을 때든 노년이 되든 익숙함을 넘어 새로운 것을 해보려는 노력은 일상을 흥분시키며, 삶의 욕구를 상승시키는 일이다. 특정한 바운더리를 벗어나려는 것에서는 아마도 내가 달인이 아닐까 싶다. 어떻게 보면 이 책 자체가 계속해서 자신의 바운더리를 넓혀가려는 한 사람의 이야기이기 때문이다.

그런데 이렇게 하기 위해서는 매우 중요한 것이 하나 있다. 그것은 '힘든 상황을 피하거나 외면해서는 안 된다'는 점이다. 인간은 기본적으로 고통을 피하고 싶어 하지만, 고통이 없이는 발전도 없다. 영어공부를 한다는 것은 낯선 언어와 문화를 습득하는데 따른 고통을 참고 새로운 것을 받아들인다는 의미이며, 사업을 해서 돈을 번다는 것은 '사업의 과정에서 생기는 온갖 고생'을 견뎌낸다는 의미이다. 젊어서 고생을 견디고 자신의 바운더리를 넘어서려는 노력을 하면, 이런 습관이 인생의 후반기에도 자동적으로 작동해 안주하지 않고 독립적인 생활을 유지할 수 있다.

혼자서도 잘 살기 위해서는 무엇보다 자기 자신과 건강한 관계를 맺어야 한다. 전문가들은 이것을 '자신과의 관계의 질'이라고 말한다. 이때 주변 시선에 대한 지나친 의식, 낮은 자존감 등은 이 관계의 질을 떨어뜨리는 장애물이 된다. 젊을때부터 자신과 좋은 관계를 형성해두지 않으면 나이가 들어 더 힘든 상황에 처한다. 육체적으로 힘든 일이 많다 보니 마음이 더 쉽게 무너질 수 있기 때문이다. 그런데 나는 이 자신과 관계 맺기에 관한 명언 하나를 알고 있다. 바로 '사람들은 종종 자신을 찾지 못했다고 말한다. 하지만 자신은 찾는 것이 아니라 창조하는 것이다'라는 말이다. 어쩌면 우리는 애초부터 '고정불변의 나'가 있어서 이를 계속 찾아야 한다는 생각을 해왔는지도 모르겠다. 사춘기 때 '나는 누구인가?'라는 질문이 좀처럼 풀리지 않았던 이유도 여기에 있다. 나는 원래부터 존재하는 그 무엇이 아니라 '끊임없이 만들어지는' 존재였기 때문이다. 나이가 들어서도 새로운 나를 창조하는 일은 끊임없이 이어져야 하고, 그 과정에서 자신만의 만족감, 행복감도 만들어 낼 수 있다.

물론 늙어서 혼자서도 잘 살고 잘 놀 수 있는 수많은 노하우가 있을 것이다. 하지만 기본적으로 나 자신과 만족스러운 관계를 맺고, 이와 동시에 계속 나의 한계를 넘어서기 위해 노력하며 나를 새롭게 창조해 나가는 것이 기본이라고 생각한다. 나의 내면과 외면을 모두 아우르는 이 노하우만 알고 있어도, 어떤 상황에 처하더라도 자신만의 방식을 만들어 낼 수 있을 것이다. 그리고 바로 이러한 기본 위에서 타인과의 친교와 관계가 진짜 빛을 발할 수 있다.

내 인생의 '쏘리 데이'는
언제일까

호주는 매년 5월 26일을 '국가 사과의
날National Sorry Day'로 지정했다. 말 그대로 국가가 공식적인
차원에서 사과하고 용서를 구하는 날이다. 도대체 무엇을 사
과하고 용서를 구하는 것일까. 사과의 날 배경에는 과거 '원주
민 탄압'이라는 호주의 흑역사가 도사리고 있다.

호주 정부는 1901년부터 유색인종인 호주 원주민들의
자녀를 '백인화'시킨다는 미명 하에 부모에게서 분리해 억지
로 백인 가정이나 고아원에서 양육하도록 했다. 이 비인간적
인 행태는 70년 가까이 계속됐는데, 이렇게 성장한 아이들을
'잃어버린 세대'라 부른다. 이들은 정체성 혼란에다 우울증에

시달리며 높은 자살률까지 보여 심각한 사회 문제가 됐다. 결국 1997년이 되어서야 정치권에서 공식적인 사과의 날을 지정하고, 매년 이 날이 되면 국가의 부끄러운 역사를 참회하고 용서와 화해를 구하고 있다. 나는 호주 원주민도, 백인도 아니지만 사과의 날을 맞을 때마다 혹시라도 살아오는 동안 무엇인가를 잘못해 용서를 구할 일은 없는지 되돌아보곤 한다.

'나도 모르게 저지른 잘못'

남에게 상처 준 사실을 정작 나 자신은 모르는 경우도 있다. 상대방은 상처 준 사실 자체를 모르고 있는 나에 대해 더 화가 나기도 한다. 최소한의 반성이라도 하면 마음이 풀리겠지만, 그조차도 무심한 태도에 더 실망하기 때문이다. 그래서 나의 잘못에 대해 계속해서 되돌아보는 일이 필요한 것 같다.

'나도 모르는 잘못'은 대개 좀 오만해져 있을 때 많이 저지르게 된다. 타인의 상황이나 기분, 정서를 전혀 배려하지 않고 잘난 척하다가 남에게 상처를 주는 것이다. 나는 가정 형편상 딱히 오만하거나 잘난 척할 일이 없었다. 거기다 장기간 외국

생활을 하다 보면 갑보다는 을이 되는 경우가 많다. 내가 타인들에게 먼저 인정받아야 하는 처지니 잘난 척할 겨를이 없었던 것 같다. 하지만 일을 하다 보면 숱한 분쟁을 겪게 된다. 특히 건축 현장은 한두 명이 합의해서 일을 하는 정도가 아니다. 무수히 많은 거래처가 있고 현장 작업자들이 모이는 곳이라 늘 그런 일들이 발생하게 마련이다. 이런 곳에서 일어나는 잘못이란, 지나치게 자기 중심적으로 생각해서 발생하는 문제들이다. 호주인들은 대체로 친절하고 사소한 문제에 대해서는 자신의 잘못이 아니라도 미안하다고 말하는 경우가 많다. 그러나 힘든 작업을 할 때에는 자신도 모르게 이기적인 태도가 나오고 '자신도 모르는 잘못'을 하곤 한다.

주변에 사람이 없고 외롭고 스산한 느낌이 든다면, 그 감정 자체에 휘둘릴 것이 아니라 구체적인 원인을 찾아보는 것도 외로움에서 벗어나는 한 방법이다. 물론 자신에게 잘못이 있더라도 따뜻하게 감싸주는 누군가가 있다면 참으로 다행이지만, 우리 주변에 그런 성인군자만 있는 것이 아니기 때문이다.

갈등과 오해가 생기고 풀리는 과정을 보면, 기왕 사과를 할 거라면 '빨리' 하는 것이 낫다는 생각이다. 가끔 "생각하면 할수록 더 열 받네!"라는 말을 하곤 한다. 자신이 받은 피해가 해소되지 않으면 그 일에 대해 자꾸 생각하게 되고, 생각할수록 그 피해의 규모가 심하게 느껴진다. 바로 이러한 참사(?)를 막기 위해서라도 빠르게 사과하는 일이 매우 중요하다. 생각이 깊어지면 오해도 깊어지고, 오해가 깊어지면 나에 대한 미움도 더 커지기 때문이다.

사과는 타인에 대한 배려

사과만큼 잘못된 상황을 빠르게 되돌리는 방법도 없다. 비록 사과하는 순간에는 자신이 비굴하게 느껴지거나 억울한 마음이 들 수도 있다. 그러나 사과를 굳이 그렇게 생각할 필요는 없다고 본다. 어떤 이유에서든 상대방의 기분이 나빠졌다면, 그와 관련돼 있는 나에게는 그 문제를 빠르게 종식시킬 의무가 있고, 또 그렇게 해야 내 마음도 편하다. 사과를 '자존심 굽히는 일'이라고 생각하지 말고 '나와 관련된 문제를 빠르게 해결하는 일'이라고 생각하면, 사과하기가 훨씬 쉬워진다.

호주의 국가 사과의 날은 정부뿐만 아니라 많은 호주 국민이 동참한다. 원주민의 국기를 들고 원주민 복장을 하고

'Sorry'라는 플래카드를 들고 행진하는 것도 시민들이다. 그런 모습을 보다 보니, 'Sorry'라는 단어가 가진 색다른 느낌이 가슴에 와 닿았다. 우리는 누군가에게 사과하는 일을 수치스럽고 자존심 상하는 일로 여기지만, 진정한 사과야말로 상대방에 대한 따뜻한 배려라는 것을 느낄 수 있었다.

"아, 그랬구나. 내가 몰랐지만 상처를 줘서 정말 미안해."

"괜찮아? 혹시 내가 잘못한 것이 있으면 사과할게."

"아, 그랬구나. 그것까지는 배려를 못했다는 사실을 지금 깨달았어. 미안해."

상대방에 대한 배려를 담고 있는 이러한 사과는 수치심이 파고들 틈이 없다. 사람들과 살아가면 폐를 끼치고 상처를 주는 일을 피할 수 없다지만, 사과는 그러한 잘못의 균형을 잡아주는 훌륭한 도구라고 할 수 있다. 나도 모르게 잘못을 저지를 수 있지만, 그것을 바로잡을 기회도 있다는 것. 어쩌면 이 부분에서만은 공평한 세상이라는 생각도 든다.

어차피 우리의 삶은 타인과 더불어 가야 하는 삶이다. 타인이 존재하지 않으면 나 역시 존재할 수 없다. 그런 점에서 사과는 그들과 어울려서 살아가게 하고, 나의 잘못을 바로잡을 수 있는 소중한 기회이다. 매일 '내가 뭘 잘못했지?'라는 것을 염두에 둘 수는 없다. 그래도 최소한 내가 외롭고 쓸쓸하게 여겨질 때는 이런 생각을 해보고 정말 잘못한 것이 있다면 먼저 사과의 손을 내밀어야 할 것이다.

·
·
·

고독한 사람이 되십시오.
고독이 세상에 경이심을 갖고
진리를 탐구하는 시간을
허락할 것입니다.
성스러운 호기심을 가지고,
가치 있는 인생을 살기 바랍니다.

_ 알베르트 아인슈타인

PART

4

성공으로 가는 비결,
관계 협업

어떤 분야든지 '고수'가 되는 것은 힘든 일이다. 하지만 방법을 잘 알면 빠르고, 효율적으로 고수가 되어 이제 스스로 최고가 되는 방법을 하나하나 개척해나갈 수 있다.

이제까지 외로움을 이기고 부정적인 감정을 처리하는 능력을 익혔다면, 이제부터는 한 단계 더 들어가 관계의 고수가 되는 길을 알아볼 차례이다.

여기서는 나와 타인의 정확한 관계 설정과 자신에 대한 올바른 인식이 전제돼야 하고, 구체적인 테크닉도 배울 필요가 있다. 특히 나를 개방적으로 열어두고 나만의 개성을 살릴 수 있다면, 더 가치 있는 협업의 관계를 만들어 나갈 수 있을 것이다.

내가 먼저
마음 쓸 수 있잖아요?

'헬퍼스 하이Helper's High'라는 말이 있다. 우리가 누군가를 도와줄 때 느끼는 행복감이다. '하이'란 마치 마약이 중추신경계를 흥분시켰을 때의 느낌과 같다고 들 한다. 어린 시절부터 지나치게 팍팍하게 살아온 탓에 남을 위한 봉사를 많이 하지는 못했지만, '헬퍼'의 역할을 자처하다 보면 분명 나에게 돌아오는 것이 있다는 사실을 알게 됐다. 그것은 바로 관계의 진전이자, 새로운 인연의 고리이다. 고등학교 시절 경험했던 구두닦이는 사소한 일임에도 불구하고 그것을 통해 누군가와 만남이 이어지고 마음이 연결될 수 있다는 사실을 알게 해주었다. 그것도 대단한 일이 아닌,

그저 내가 할 수 있는 한에서의 작은 마음 씀씀이였을 뿐임에도 말이다.

'못해 줄 게 뭐 있나'

인연이라는 말은 참 신비롭게 느껴진다. 세상에는 나와 아무 관련 없는 사람이 수도 없이 많지만, 어떤 일이 계기가 되어 '인연'이라는 것에 함께 포섭이 된다. 비록 잠시 스치고 지나가는 인연이든, 오래 같이 가는 것이든 상관없다. 그렇게 시작된 인연이 인생의 다음 단계로 발전할 수 있는 계기가 되기도 하고, 누군가로부터 위로를 받으며 외로움을 이겨나가는 과정이 되기도 한다. 그런데 이 인연의 출발점은 바로 타인이 아닌 '나'이다. 어떤 상황에 처하건, 무슨 일을 하건 내가 삶에 충실하고자 한다면 분명히 인연이 다가오고 그 안에서 또 다른 성장을 해나갈 수 있다.

요즘에도 한국의 길거리에는 구두를 수선하거나 닦아주는 분들이 계신다. 내가 고등학교 시절에는 대형빌딩 내부에 구두닦이들이 아예 상주하고 있었다. 돈을 벌어야 했던 나는 아는 형님의 도움으로 서울의 SK그룹과 대한항공이 입주해 있던 건물에서 구두닦이 생활을 시작했다. 정해진 시간이 되면 사무실 한 바퀴를 돌아 구두를 수거해오고, 정성스럽게 닦아서 다시 제자리에 가져다 놓았다. 구두를 닦는 것보다 더 어려운 것은 수거한 구두를 정확히 제자리에 가져다 놓는 일이었다. 구두 주인의 인상착의며 신발의 특징을 잘 적어놓거나 기억해두지 않으면 나중에 '신발 주인 찾아 삼만 리'를 찍어야 되는 난감한 상황이 온다.

요즘의 고등학생이라면 아무리 힘들어도 구두닦이는 하지 않겠지만, 당시 구두닦이 일은 나보다 더 어린 아이들도 했을 정도로 보편적인 아르바이트였다. 추운 겨울에도 건물 내부에서 일할 수 있으니, 지금의 표현대로라면 '꿀알바'였을지도 모르겠다. 그래도 건물 난방이 제대로 되지 않아 손이 시려울 때가 많았다. 한창 공부를 해야 할 때 구두를 닦고 있으려니 내 자신이 초라하다는 생각이 들기도 했다. 그러나 그마저도 감사하면서 하지 않으면 안 되는 절박한 상황이었다. 누군가가 필요로 하는 일이라면, 나름대로 의미가 있다고 생각하며 설움을 꾹 참았다.

구두를 수거하기 위해 늘 책상 아래로 몸을 숙이다 보니 쓰레기통이 보이기 시작했다. 구두 닦는 일이 익숙해지면서 시간이 남기도 해, 그때부터 사무실의 쓰레기통을 비우기 시작했다. 누가 시킨 것도 아니고, 알아주는 사람도 없는 일이었다. '더러운 신발도 닦아주는데, 쓰레기통도 말끔히 비워주면 좋지 않을까. 못해 줄 게 뭐 있나.' 이런 생각으로 시작한 일이었는데, 그게 사람들의 눈에 띄기 시작했던가 보다.

내가 먼저 다가설 때 얻는 것

어느 날은 직급이 꽤 높아 보이는 분이 사무실 안쪽에서 구두를 닦을 수 있도록 해주었다. 사무실에서 구두 약 냄새가 난다고 경비원이 반대했지만, 그분은 아랑곳하지 않았다. 그렇게 나는 좀 더 따뜻한 사무실 내부로 들어갈 수 있었다. 좀 더 안락한 장소에서 여유롭게 구두를 닦다 보니, 그때부터는 구두 상태가 눈에 들어왔다. 오래 신어서 구두 안에 박은 작은 못이 슬금슬금 튀어나오려는 조짐이 보이기도 하고, 굽이 많이 닳아 지금 수선하지 않으면 나중에 통째로 갈아야 할 구두도 있었다. 사무실 사람들에게 말을 걸기가 쉽지는 않앗지만, 용기를 내어 말을 해보았다.

"여기 못이 하나 튀어나오려고 하는데… 지금 고치지 않았다가 나중에 굽이 부러지기라도 하면… "

그냥 고개만 끄덕이거나 힐끔 쳐다보고 말 것이라고 예상했지만, 의외로 반응이 나쁘지 않았다. "어, 그래? 고마워!"라고 대답하거나 "그렇구나. 그럼 수선을 좀 해줄 수 있어?"라며 부탁도 해왔다. 수선으로 돈을 더 벌려고 했던 것은 아니지만, 어쨌든 부수입까지 생겼다. 사무실 누나들은 자기 도시락을 쌀 때 내 것까지 함께 싸 주기도 하고, 더 친해지고 난 뒤에는 부산에 놀러갈 때 나를 데려가 주기도 하셨다. 지금으로서는 쉽게 상상이 가지 않겠지만, 당시에는 사람들이 정도 많았거니와 나의 성실함을 좋게 봐주신 덕이라고 생각한다.

남에게 먼저 다가가는 일은 쉽지 않다. 그래서 대부분 남이 먼저 나에게 다가와 주기를 은근히 기대한다. 그러나 남에게 다가가기 힘든 것은 상대방도 마찬가지다. 그들 역시 남이 먼저 다가와 주기를 기대한다.

구두닦이 시절 내가 했던 일은 대단한 것이 아니다. 쓰레기통을 비우거나, 구두를 관찰해 상대방이 조금이라도 돈을 아낄 수 있도록 조언해 준 것뿐이다. 그러나 그것이 인연의 고리가 되었다. 그 시절 나는 뭔가 대단한 일을 해야만 인연이 생기는 줄 알았다. 하지만 꼭 그렇지는 않았다. 어차피 내가 대단한 무언가를 해줄 처지가 못되니, 그냥 내가 할 수 있는 것을 해주었을 뿐이다. 인연에 있어서 나의 처지를 생각할 필요가 없다. 상대방은 나의 처지보다 내가 무엇을 했는지에 관심이 더 많기 때문이다. 당시의 내가 '구두닦이가 뭘 할 수 있겠어?', '쓰레기통 비우는 건 내 일이 아니잖아'라고 생각했다면 그분들도 나에게 호의를 베풀지 못했으리라 생각한다.

당시의 경험은 50세가 넘은 지금도 교훈으로 남아 있다. '다른 사람에게 조금 더 신경 써주기'라는 지혜이다. 그렇게 한다고 시간이나 돈이 많이 들지도 않는다. 하지만 그런 행동이 나에게 가져다 주는 행복감은 의외로 쏠쏠하다. 사소한 정을 나누고, 조금씩 인연의 고리를 만들어 나가다 보면 어느덧 좋은 관계가 만들어지곤 한다. 관계 협업은 바로 이렇게 내가 먼저 마음을 쓰는 일에서부터 시작된다.

관계 협업을 하겠다면
축구처럼

나는 축구광이다. 한라그룹 시드니 법인에 주재원으로 처음 파견됐을 때, 하숙집 주인의 소개로 우연히 한인 조기 축구에 입문한 뒤 점점 그 매력에 빠져들었다. 첫날 신고식은 아직도 잊을 수 없다. 숨이 멎을 듯한 고통 속에서 경기를 치른 다음날, 온몸에 알이 배겨 몸을 조금만 움직여도 통증이 찾아오던 기억이 아직도 생생하다. 지금은 '호주한인축구협회장'으로 선출될 정도로 실력도 늘어나고 축구와 관련된 아는 분들도 많아졌다.

그런데 이 축구와 관계 협업은 묘하게도 공통점이 많다. 관계 협업으로 살아오는 내가 '관계 협업의 운동 버전'이라고 할 수 있는 축구에 빠져든 것은 지극히 자연스러운 일이라는 생각마저 들 정도이다. 평상시에 축구를 좋아하지 않는 사람이라고 하더라도 한국 국가 대표팀의 중요한 경기는 보았을 것이다. 축구를 중심으로 설명하면 관계 협업이 무엇인지 보다 정확하게 알 수 있을 것이다.

축구를 잘하는 진짜 이유

'관계 협업'이라고 했을 때 그저 '도움을 주고받으면서 인생을 살아가는 방법'이라고 생각할 수도 있다. '서로 도움을 주고받는다'는 본질적인 측면에서 크게 빗나간 이야기는 아니지만, 그렇게만 단순화 시키기에는 아쉬움이 크다. 내가 말하려는 것은 그런 도움으로 인생 자체를 발전시켜 나가는 일이기 때문이다. 동네에서 아는 사람들끼리 주고받는 품앗이 정도가 아니라, 소중한 내 인생의 레벨을 계속 올려나가고 업그레이드한다는 점에서 그 차원을 달리한다. 상대를 내 삶과 일에 참여시키고, 나 역시 상대의 삶과 일에 관여한다는 점에서 그 도움이라는 것의 스펙트럼 역시 매우 넓다.

축구와 관계 협업의 첫 번째 공통점으로 '공간 활용'의 중요성을 들 수 있다. 프리미어리그에서 활약한 박지성 선수가 축구를 잘하는 이유에 대해 언론은 '두 개의 심장을 가진 남자'라는 말로 설명하기도 했다. 체력이 뛰어나다는 의미일 것이다. 그러나 체력이 좋다고 반드시 축구를 잘 하는 것은 아니다. 이는 마치 '열정만 있으면 꼭 성공한다'고 말할 수 없는 것처럼 일반화할 수 없는 오류이다. 체력으로만 따지자면 박지성과 비슷한 선수들도 얼마든지 있다. 박지성이 축구를 잘하는 이유는 무엇보다, 뛰어난 공간 활용 능력 때문이었다.

축구에서 가장 중요한 것이 바로 '전략적 공간의 확보'라고 한다. 공을 패스 받은 내가 머뭇거리는 사이에 상대팀 선수들은 나를 향해 달려온다. 이 말은 곧 그들이 나의 공간을 극도로 협소하게 만들고, 움직임이 한정된 나는 공을 빼앗기게 된다는 뜻이다. 골대 앞에서 제대로 슈팅을 하지 못하는 이유 역시 상대 선수들이 옆에서 달려들어 내 공간을 빼앗아가면 나의 행동이 제약되기 때문이다. 그러나 박지성은 자신이 나갈 공간을 이리저리 만들어 가고, 패스 하나를 해도 동료 선수의 움직임이 최대한 자유로울 수 있도록 공간 확보에 초점을 맞췄다.

이런 공간 확보는 내가 하는 건축업에서도 매우 중요한 의미를 지닌다. 공사장에서 내가 제일 먼저 하는 일이 바로 공간 확보다. 자재를 쌓을 수 있는 공간을 만들고, 폐기물을 처리하면서 새로운 공간을 만들어 낸다. 만약 이런 공간을 충분히 확보하지 않고 공사를 시작하면 사람이 넘어지고 다치고, 자재를 옮기다가 사고가 난다. 일이 지체되고 공사 시간을 맞추지 못하면 결국 원하는 결과를 만들지 못하게 된다. 하지만 공간을 넓혀 동선을 제대로 만들면 작업의 효율은 극대화된다. 축구와 건축업에서 '공간'이란 성패를 좌우할 정도로 결정적인 요소라 해도 과언이 아니다.

사람과 사람 사이에도 심리적인 공간이 있다. 일단 타인이 들어올 수 있을 만큼 내 마음의 공간을 열어두어야 상대를 받아들일 수 있다. 겉으로 볼 때 너무 냉랭하거나, 혹은 바늘로 찔러도 피 한 방울 나지 않을 것 같은 태도를 보인다면 상대방은 나의 심리적 공간 안으로 들어오지 못하게 된다. 이는 반대의 입장에서도 마찬가지다. 상대방이 나에게 그 어떤 여지도 주지 않는 상태에서 나 역시 상대에게 접근하기가 쉬운 일은 아니다. 반면 상대가 그 공간을 열어주지도 않았는데, 섣불리 들어가려고 해서는 안 된다. 이것은 축구에서 사방이 상대팀 선수로 꽉 막힌 공간에서 이를 뚫고 가려는 것만큼이나 무모한 행동이다. 차라리 이때는 멀리 패스를 해버려 막힌 공간을 해소하는 편이 낫다.

과도한 의욕을 버리는 힘 빼기

축구와 관계 협업의 두 번째 공통점은 '힘 빼기' 기술이 중요하다는 점이다. 축구는 단체 경기이기 때문에 개인기만으로 승리에 이를 수 없다. 자신이 꼭 골을 넣겠다는 과도한 의욕만으로 돌진한다면 수비진의 타깃이 될 가능성이 높다. 이때는 힘을 빼고 유연한 태도를 가지면서 팀원 전체와 협업하겠다는 자세를 가져야만 한다. 관계에서 힘 빼기는 매우 의도적이고 계산된 관계를 만들어 가려는 의지를 포기하는 일에서 시작한다. '저 사람에게서 내가 원하는 것을 꼭 얻어내겠어!'라는 생각으로 접근하면 상대도 거부감을 느끼고 마음으로부터 하나가 되지 못한다. 이런 상태에서는 서로가 인생을 레벨 업하는 관계로 나아가지 못한다. 사소하고 작은 일에서부터 성의를 보이고 진심으로 대할 수 있을 때 상대방도 내가 원하는 것을 서서히 내주게 된다.

상대가 들어올 수 있는 심리적 공간을 열어두고, 과도한 목적의식을 없애는 힘 빼기는 관계 협업을 해나갈 수 있는 출발점이 된다. 다만 그렇다고 상대가 보기에 '접근하기 쉬워 보이는 사람'이 되라거나 혹은 아무런 목적도 없이 무조건 상대방에게 잘하라는 의미는 아니다. 축구는 철저한 훈련을 통해 개인기를 연마하면서도 팀 자체의 기량을 높여야 하는 팀 스포츠이다. 한마디로 협업이 중요한 종목이다. 이처럼 자신의 삶과 일에 중심을 두고 열심히 실천해 나가면서 새롭게 만나는 사람들과 관계 협업의 자세로 다가가는 것이 중요하다.

주목해야 할 점은 이러한 관계 협업은 '폭발적인 확산세'를 가진다는 점이다. 한번 누군가와 잘 형성된 관계는 계속해서 뻗어나가기 때문이다. 교회 건물을 지으면서 알게 된 레바논 출신 이민자 친구가 있었는데, 서로 도움을 주고받으며 관계 협업을 잘 맺어둔 사람이다. 어느 날 그가 레바논인들의 파티에 나를 초대했는데, 거기에서 상당히 다양한 전문 분야에서 일하는 레바논인들을 만날 수 있었다. 그곳에서도 관계를 잘 맺어나간다면 나는 한 명을 통해 열 명을 소개받고, 그들로부터 다시 열 명을 소개받아 백 명의 관계 협업 파트너를 알게 된다. 한 명이 백 명으로 늘어나는 폭발적인 확산세가 바로 관계 협업의 과정이 보여주는 특징이다.

관계 협업만 잘 하면 세상에 못할 일이 없다. 비록 처음에는 혼자라는 외로움과 두려움이 있겠지만, 점점 쌓여가는 수많은 파트너들로 인해 더 강해지고 넓어지는 자신의 영향력과 힘을 확보해 나갈 수 있을 것이다.

내 꿈을 사람들에게 알릴 때
일어나는 일

관계 협업의 출발점은 어떻게 만들 수 있을까? 누군가를 처음 만나면 그와 무엇을, 어떻게 말하고 시작해야 하는지 모를 수 있기 때문이다. 특히 그간 관계 협업을 해보지 않았던 사람이라면 더욱 막연할 수 있다. '일단은 무작정 친분을 유지하면서 만나는 횟수를 늘려야만 가능하지 않을까'라고 생각할지 모른다. 하지만 그냥 일반적인 친구 관계를 넘어서는 관계 협업으로 나아가기 위해서는 단지 친분을 유지하는 것만으로는 부족하다. 친분은 친분일 뿐, 여기에는 '삶의 레벨 업'이라는 차원이 존재하지 않기 때문이다. 과거의 나를 되돌아보면 나는 사람들을 만날 때 주로 나의 꿈

과 미래에 대해 이야기하고, 내가 가진 비전과 자신감을 보여
주었다. 이러한 모습을 통해 상대방은 친분을 넘어서 나에게
적극적인 관심을 가지고 구체적인 도움을 주기 시작했다.

누구에게나 공감 능력이 있다

처음 호주에 정착해 사업을 진행할 때 자금 부족으로 무
척이나 어려웠다. 그때 내가 꿈과 희망을 버리지 않도록 지켜
준 조력자가 있었다. 생활정보지를 통해 교민들에게 새로운
소식을 전하고 광고를 해주는 신문사의 대표 분이었다. 그가
얼마간의 사업 자금을 융통해 줘서 숨통을 틀 수 있었다. 훗
날 그분은 "자신감을 가지고 사업을 시작하는 자네가 대견하
고 믿음직스러웠다"는 말씀을 해주셨다. 그가 나에 대해 그리
많은 것을 알지 못했음에도 나를 도와줄 수 있었던 것은 단
하나, 바로 내가 보여준 자신감 때문이었던 것이다.

인간에게는 공감 능력이라는 것이 있다. 다른 사람의 상
황이나 감정을 마치 나의 것처럼 느끼는 것을 말한다. 비록
나에게 일어난 일은 아니지만 파렴치한 범죄를 보고 분노하거

나, 혹은 정반대로 가슴 아픈 뉴스를 보고 눈물을 흘리는 이유가 바로 이런 공감 능력 때문이다. 바꿔 말하면, 나의 열정과 꿈, 자신감은 다른 사람의 공감력을 불러일으키게 된다는 사실이다.

이 책의 앞부분에서 호주건축협회에서 개최하는 박람회에 참여해 한 호주인과 인연을 맺고 사업을 함께 시작했다는 이야기를 했다. 그 사람은 지금도 내 회사의 지분 10%를 유지하고 있을 정도로 좋은 관계를 유지해왔다. 되돌아보면 내가 처음 그를 만났을 때 했던 일은 바로 나의 꿈과 열정을 보여준 것이다. 사실 그는 나에게 "너의 꿈이 뭐냐?"라거나 "너의 미래가 어떻게 될 것 같아?" 따위를 물어보지도 않았고, 또 그런 걸 물어보는 것도 이상한 일이다. 그러나 나는 먼저 나를 드러내기 위해 열렬하게 이야기를 했고 바로 그 점이 공감을 불러일으킨 것이 아닌가 생각된다. 누군가의 꿈에 동참하고 싶은 마음. 누구나 이런 마음을 가지고 있다. 만약 지금 누군가가 내 앞에서 자신의 꿈과 원대한 미래를 말한다면, 나는 아무런 대가 없이 그를 도와주고 함께 미래를 개척할 의향이 충분하다. 그런 점에서 관계 협업을 만들어 가기 위해서는 꿈이라는 '매개체'를 통하고, 공감이라는 것을 '고리'로 하나가 되어야 한다. 이렇게 된다면 구체적으로 서로의 삶에 어떤 도움을 줄 수 있을지를 고민하게 되고 자신의 네트워크를 통해 서로 발전하는 과정을 이끌어 낼 수 있다.

승능을 원하면 승능이 있는 곳으로

이렇게 사람과 사람과의 구체적인 만남을 통해서도 관계 협업을 만들어 갈 수 있지만, 실질적인 투자와 비즈니스의 논리로 관계 협업을 만들어 나갈 수도 있다. 내가 타피오카 수출을 위해 필리핀에 있을 때 막막함이 느껴져 무작정 필리핀 투자진흥청을 찾아간 적이 있다. 그때 내 생각은 이랬다.

'투자진흥청이라면, 해외 투자를 유치하는 곳 아니겠어? 내가 필리핀에 투자하러 왔다고 하면 적어도 문전박대를 하지는 않겠지!'

그때만 해도 에탄올 기업을 운영하고 있을 당시이니 회사가 나의 배경이 됐다. 무작정 투자진흥청을 찾아가 나를 '한국인 사업가'라고 소개하며 필리핀에 투자를 하려고 하니 관련 부처나 사람을 연결시켜 달라고 했다. 뭔가 까다로운 절차를 거칠 거라고 예상했지만, 뜻밖에도 일이 술술 풀려나갔다. 투자진흥청에서는 내가 관련자들에게 프레젠테이션 할 수 있는 기회도 만들어 주고, 현지 기업인들도 여럿 소개해 줬다. 이후 그들과 미팅도 할 수 있었으니 문전박대는커녕 후한 대접을 받은 셈이다. 또 실제 적지 않은 성과가 있었던 것도 사실이다.

'우물가에서 숭늉을 찾는다'는 우리나라 속담이 있다. 일의 순서를 망각한 채 성급하게 덤비는 행동을 빗대는 말이지만, 전혀 관련이 없는 엉뚱한 곳에 가서 자신이 원하는 것을 찾는다는 의미로 해석할 수도 있다. 이 말을 반대로 하면 '숭늉을 원한다면 숭늉이 있는 곳으로 가면 된다'고 할 수 있다. 호주건축박람회나 필리핀투자진흥청은 모두 내가 관련이 있는 곳이었다. 그러니까 숭늉이 있을 법한 곳에 찾아갔다고 볼 수 있다. 나와 관련이 있을 법한 곳, 나를 필요로 하는 사람이나 내게 필요한 사람이 있는 곳. 바로 그곳에서 관계 협업이 시작된다. 따라서 관계 협업을 만들어 가기 위해서는 어떤 테크닉이나 관계를 맺으려는 집요한 노력보다 '용기'가 제일 필요하다. 어떤 시도도 하지 않고 막연히 기회가 오기를 바라는 것은 어리석기 짝이 없다. 용기를 내서 먼저 접근해야만 그때부터 일이 '시작'된다.

용기, 처음이 어려울 뿐

처음 내가 축구에 입문한 뒤 지역 축구 모임에 참석하게 된 것도 비슷한 과정을 거쳤다. 어느 날 시내 공원을 지나고 있는데 몇몇 사람들이 모여 축구시합을 하는 모습이 보였다. 호주인들과도 함께 경기를 해보고 싶었던 나는 참여할 수 있는지 물어보고 싶었지만 선뜻 나서기가 어려웠다. 하지만 늘 맨땅에 헤딩하며 살아온 용기를 살려 그들 앞으로 뚜벅뚜벅 걸어갔다.

"안녕? 나 이 근처 사는데, 여기 축구 모임에 들어가도 돼?"

그들은 "물론 되고 말고!"라고 말해주었다. 만약 그때 그들에게 물어보지 않았더라면 나는 아직도 그 모임에 들어가는 방법을 몰랐을지도 모른다. 처음에 용기 내는 것이 필요할 뿐, 누군가에게 다가가 그들과 하나가 되는 일은 전혀 어렵지 않다. 물론 이러한 기회의 문은 한국보다 호주가 좀 더 열려 있다. 출신 학교나 지역을 중심으로 똘똘 뭉친 조기축구회에 갑자기 낯선 외국인이 다가와 "나 여기 껴도 돼?"라고 묻는다면 아마 대부분 거절당할 것이다. 그 외국인이 한국말을 아무리 잘해도 "그럼 되지!"라는 답을 얻기는 쉬운 일이 아니다.

우리는 본능적으로 새로운 사람에게 먼저 다가가거나 새로운 무리에 참여하는 것에 두려움을 가지고 있다. 막상 해보면 별 것 아닌데, 지레 겁을 먹고 아예 시도할 용기조차 못 갖는다. 그러나 거부당해도 그냥 그것으로 끝나는 것일 뿐, 특별히 피해를 입는 것도 아니다. 우연히 만나 커피 한잔 하는 사람에게도 나의 꿈을 말할 수 있는 열정, 모르는 것을 물어볼 수 있는 용기, 늘 자신감 넘치는 모습을 가진다면, 이것만으로도 충분히 관계 협업을 위한 시동을 걸 수 있을 것이다.

'내 사람'을 만듭니다

살면서 '내 사람'이 있다는 것은 참 좋은 일이다. 나의 편을 들어주는 사람, 나의 어려움을 헤아려주고 손 내밀면 언제든 잡아주는 그럼 사람 말이다. 이런 사람이 있다면 무엇이 외로울 것이며, 슬플 것인가. 이 '내 사람'으로 만드는 일은 어려워 보이면서도 쉬운 일이다. 사실 늘 낯선 해외에서 살아가야 했던 나는 '내 사람 만들기'의 달인이 되었다고 자화자찬하기도 한다. 다른 건 몰라도 낯선 땅에 나를 떨어뜨려 놓아도 이 부분만큼은 자신이 있다.

그런데 이것도 해본 사람이 잘한다. 타인의 심리가 어떻게 흘러가는지, 낯선 사람을 만날 때 상대방은 어떤 태도를 취하는지를 알아야만 한다. 나는 이러한 과정을 '스며든다'라고 표현하고 싶다. 갑자기 낯선 사람에게 가서 "우리 친구하자"라고 할 수는 없다. 자연스럽게 스며들어야 상대방도 부담스럽지 않게 '내 사람'이 되어주기 때문이다.

일상의 시간을 함께

호주 최고의 인기 스포츠는 럭비다. 이곳에는 내셔널 럭비 리그National Rugby League, NRL라는 것이 있어 호주인들의 관심이 매우 높다. 다른 나라에도 럭비 리그가 있지만 호주의 내셔널 럭비 리그는 그중에서도 최상위 수준으로 평가받는다. 한국에서는 럭비를 접할 기회가 거의 없었다. 그러다 보니 가끔 해외 스포츠 뉴스에서나 럭비를 접할 뿐이지, 경기 규칙도 잘 몰랐다. 그런데 호주에 와서 사람들과 대화를 하다 보면 럭비 이야기가 많이 나왔다. 결국 나는 럭비 규칙을 공부하기 시작했고, 스타 플레이어에 대해서도 조사했다. 럭비에 대한 지식이 하나 둘 쌓여갔고, 점차 관심도 커지기 시작했다. 나의 파트너 중에도 '럭비광'인 친구가 있다. 함께 경기장을 찾기도 하고, 응원도 한다. 이런 일들이 사업에 무슨 도움이 되겠냐 싶겠지만, 내가 경험한 바에 의하면 정말로 도움이 된다. 거꾸로 생각하면 이해하기 쉬울 것이다. 만약 어떤 외국인이 손흥민에 대해 잘 알고 K-리그에도 지대한 관심을 보인다면 어떨까? 한국인인 당신 역시 그 외국인에게 상당한 호감이 갈 것이다. 기왕 사업을 할 때도 그런 사람에게 마음이 가게 마련이다. 사업을 하는 데 있어서도 '마음'이라는 것이 있다. 냉정하게 돈의 논리만 통하는 것은 아니기 때문이다. 친밀함, 호의, 고마움 등등의 모든 마음이 사업에 분명 도움이 된다. 물론 내가 오로지 사업에 보탬이 되기만을 바라며 럭비를 공부한 것은 아니다. 그것은 바로 '일상'을 함께 하기 위해서였다. 일상을 함께 하면 서로가 서로에게 스며들어가게 된다. 이러한 일은 매우 중요하다. 사람과 사람 사이에도 '역사'라는 것이 켜켜이 쌓여야 한다. '낯선 사람'과 '내 사람'의 차이는 결국 둘이 함께 보낸 시간이 얼마나 되느냐에 따라 결정된다. 일상의 시간을 나누지 않고는 결코 내 사람을 만들 수 없다는 점을 알아야 한다.

호주에서도 축구가 인기 스포츠이지만, 파푸아뉴기니에서도 많은 사람이 축구를 좋아한다. 나 역시 원래 축구를 좋아했기 때문에 축구로 한 팀이 되어 그들과 일상을 나누었다. 같은 유니폼을 입고, 같은 팀을 응원한다는 것. 함께 함성을 지르고 즐거워하고 아쉬움을 나누는 일보다 사람과 사람을 더 가까이 만들어주는 것도 없다.

호주의 럭비든 파푸아뉴기니의 축구든 하나의 공통점이 있다. 그것은 '소통꺼리'라는 점이다. 함께 대화할 수 있는 내용이 많으면 분명 가까워지게 된다. 미국의 유명한 패션회사 사장에 대한 이야기를 들은 적이 있다. 그녀가 자신의 옷을 파는 매장을 방문해서 관찰해 보니, 직원들이 업무 시간의 60%는 잡담으로 보내고 고객을 응대하는 시간은 고작해야 40%에 불과하다는 사실을 알게 됐다고 한다. 그 후 그녀는 이를 개선하기 위해 모든 직원에게 하루에 두 시간씩 신문이나 라디오를 들어서 최신 뉴스를 숙지하도록 했다. 처음에는 직원들이 "옷이나 잘 팔면 되지, 우리가 왜 시사상식까지 갖추어야 하나"고 불만을 가졌다고 한다. 하지만 몇 개월이 지나자 놀라운 결과가 나타났다. 매장 직원이 고객들과 소통꺼리가 많아지자 서로 친근함을 느끼게 되고, 덩달아 판매량도 급격하게 늘어났다는 것이다.

관찰하고 칭찬하라

그 회사 사장이 했던 또 하나의 방법은 바로 칭찬하기였다. 그녀는 일정 기간을 두고 계속해서 직원 한 명 한 명에게 칭찬하는 편지를 써서 보냈다. 그러자 직원들의 회사 충성도가 매우 높아졌다고 한다. 이를 통해 직원들이 '회사 사람'이 된 것이다. 이를 응용하면 내 사람을 만드는 것에도 큰 도움이 될 것이다.

나는 호주에 오기 전까지는 누군가를 칭찬하는 일이 그리 많지 않았다. 칭찬을 하면 왠지 입에 발린 소리를 하는 것처럼 부자연스럽게 느껴졌다. 그러나 서양 사람들은 그렇지 않다. 그들은 어려서부터 칭찬을 받고 자라나며, 칭찬에 매우 익숙하다. 실제로 칭찬을 대하는 동양인과 서양인의 태도가 다르다는 말도 있다. 서양인의 경우 "와, 잘한다", "정말 멋져" 등의 긍정적인 말이 동기부여의 중요한 요소가 되지만, 동양인에게는 "왜 이렇게 밖에 못해?", "평균 이하잖아, 더 분발하라고!" 같은 말이 성과를 끌어내는 데 더 효과적이라고 한다. 이것은 타인의 시선에 대한 반응의 차이 때문이라고 한다. 동양인은 남이 자신을 어떻게 볼지, 타인의 평가와 시선을 걱정하고 그로부터 동기를 부여받는다는 것이다. 또한 적극적인 칭찬을 받으면 '그래, 역시 나는 남들보다 잘났어'라는 생각에 오히려 도전의식이 떨어진다고 한다. 그런 문화적인 영향 때문인지 나도 칭찬을 받아들이고, 또 남을 칭찬하는 것이 영 어색했다.

하지만 로마에 가면 로마법을 따라야 하는 법. 호주 사람들처럼 칭찬에 좀 더 익숙해지려고 했더니 무엇보다 상대방을 잘 관찰해야 한다는 사실을 알게 됐다. 어떤 부분이 나와 다르고, 무엇이 타인들보다 월등한지를 관찰하지 않으면 상대를 잘 알 수 없다. 사람을 관찰하다 보면 상대방에 대한 자연스러운 관심으로 이어지게 된다.

사람은 누구나 칭찬을 받으면 기분이 좋을 뿐만 아니라, 칭찬해주는 그 사람에 대해서도 고마움과 호의를 느끼게 된다. 그래서 상대방의 의견도 더 존중하고, 함께 하고 싶어지기도 한다. 칭찬만 잘 해도 내 사람 만들기는 꽤 쉬운 일이다.

거기다가 나는 '감사하다'는 말을 자주한다. 나와 차를 마시면 "나와 차를 마셔주어 감사하다"고 말하고, 나와 함께 일하면 "함께 일해주어 감사하다"고 말한다. 이런 감사의 말은 상대방을 '슈퍼맨', '슈퍼우먼'으로 만들어준다. 상대방은 '내가 누군가에게 감사를 받을 수 있는 사람이구나' 자각하고 자존감이 높아지고 오히려 더 나에게 감사를 해준다. 이렇게 감사로 하나 되는 관계, 바로 이것이 내 사람 만들기의 한 방법이다.

그러나 여기에는 하나의 법칙이 존재한다. 상대를 내 사람으로 만들기 전에 내가 먼저 '그의 사람'이 되어야 한다는 점이다. 열심히 공부하고 노력해야 비로소 높은 성적을 낼 수 있고, 좋은 재료를 준비해야 맛있는 음식을 먹을 수 있다. 사업도 마찬가지다. 상대방의 필요한 것을 충족시켜준 다음에야 비로소 돈을 받을 수 있다. 아무런 노력도 하지 않으면서 상대방이 내 사람이 되어주길 바라는 것은 무모함을 넘어 무례한 일이다. 내 사람 만들기의 비밀은 결국 '내가 그의 사람이 되어주기'에 있다고 할 수 있다.

누군가는 당신을
지켜보고 있다

혼자 있을 때면 생각과 행동이 좀 더 자유로워지는 것을 넘어 게을러지기도 한다. 나를 지켜보는 눈이 없기 때문에 생기는 일이다. 더구나 외로움과 늘 함께 한다는 것은 홀로 있는 시간이 더 많다는 의미이다. 그러나 혼자 있는다고 해도 결코 혼자만 있는 것은 아니다. 혼자서 하는 나의 노력과 공부, 일에 대한 성실성은 결국 겉으로 드러나기 때문이다. 따라서 혼자 있을수록 더 노력해야만 관계 협업도 잘 이뤄진다고 생각해야 한다. 그래서 '누군가는 반드시 나를 지켜보고 있다'는 자세로 하루하루를 임해야 게을러지는 일도 막을 수 있다. 한 인도인 건축주와의 인연은 '홀로 있을 때의 진정성'이 얼마나 중요한지를 깨닫게 해주는 사건이었다.

알 수 없는 그의 속내

선입견을 가질 필요는 없지만, 그럼에도 특정 민족이나 인종이 가지고 있는 특성은 있는 듯하다. 그리고 그 특성이 나와 잘 맞지 않는 경우도 흔하다. 그들이 잘못됐다거나 나쁜 것이 아니라, 서로가 다르기 때문에 생기는 일일 것이다.

사실 나는 인도 사람들과 사업적으로 썩 맞지는 않았다. 조금 심하게 이야기하면, '고개를 절레절레 저을 때'도 적지 않았다. 그래서 건축을 의뢰해오는 사람이 인도인이라고 하면 좀 더 긴장하고, 웬만하면 일을 일부러 만들어 하지는 않겠다는 생각도 했다. 몇 년 전 그가 나에게 연락해왔을 때도 비슷한 심정이었다. 보통 공사장에는 공사를 하는 시공사와 대표 연락처가 있는데, 그 인도 사람이 그것을 보고 나에게 연락을 취한 것이다. 만나서 이야기를 해보니 크게 손해볼 것은 없겠다는 계산에 미쳤다. 그래도 혹시 모르니, 문제가 생기면 내가 우위에 설 수 있도록 계약서를 작성하는 등 만반의 준비를 마치고 일을 시작했다.

처음에는 공사가 크지 않았다. 대략 8억 정도의 단가였다. 작은 일이라도 소중히 알고 해야 한다고 생각해왔던 터라 그 일도 감사하게 받아들이고 시작했다. 그런데 그는 내가 이제까지 겪어온 여느 인도인들과 확연히 달랐다. 중간중간 공사 금액을 결제해달라고 하면 두말없이 정확하게 입금을 해주곤 했다. 이런 건축주라면 공사를 진행하기 너무 편하다. 그런데 시간이 흐르면서 공사가 계속 추가됐다. 처음에는 지반 공사만 해달라고 하더니, 나중에는 건물을 올려 달라고 하고, 다른 현장에서의 공사도 해달라고 했다. 자연스럽게 공사 금액도 늘어났다. 5억, 10억, 30억으로 불어나더니 총 공사금액이 60억 원에 달했다. 도대체 왜 이렇게 공사 금액이 자꾸 늘어나는지를 생각해 보니, 그 인도인 건축주가 초기에 내가 공사를 제대로 할 수 있는지를 시험해 본 것 같았다. 자신의 마음에 드는 결과가 나오니까 계속 추가로 공사를 주고 금액도 올라갔다는 이야기다.

사실 모든 공사는 애초에 견적을 받고 시작하게 된다. 그런데 한번은 견적서를 보내겠다고 하니, 금액은 따지지 말고 우선 일부터 시작하라는 것이 아닌가. 이런 식의 진행은 다소 위험한 구석이 있다. 기껏 공사를 해놓고 나면 그때서야 단가를 깎으려는 꼼수일 수도 있기 때문이다. 그런데 그는 또 한번 의외의 모습을 보여주었다. 견적을 나중에 받아보았음에도 내가 원하는 금액을 군말 없이 계속 지불해 주었다. 그가 왜 이런 방식으로 일했는지는 나중에서야 알 수 있었다.

신독, 혼자 있어도 성실하게

공사장 주변에는 CCTV가 있다. 건축주가 현장 상황을 확인하고 건축 자재가 도난 당하는 것을 막는데 꼭 필요하기 때문이다. 그 인도인 건축주의 공사 현장에도 당연히 CCTV가 있었는데, 어느 날 내가 생각하지 못한 곳에도 CCTV가 있다는 사실을 알게 됐다. 아마도 그는 내가 일하는 모습을 자세히 볼 수 있었을 것이다. 나는 현장에 가장 먼저 출근하고 가장 늦게 퇴근한다. 작업자들이 미처 치우지 못한 주변 환경도 정리하고, 내일 해야 할 작업을 미리 준비해 놓기도 한다. 이런 모습을 지켜보면서 그가 나를 완전히 신뢰할 수 있었던 것 같다.

비록 그 건축주와 교류가 많지는 않았지만, 나의 일하는 방식을 통해 그와 충분한 관계 협업을 맺었다는 생각이 들었다. 굳이 많은 이야기를 하지 않아도 상대가 일하는 모습을 보고 그가 어떤 사람인지, 과연 신뢰할 수 있는지 없는지를 알 수 있기 때문이다. 이 건축주와의 협업으로, 나는 '인도 사람들은 꼭 이렇더라'는 편견을 버릴 수 있었고, 누가 보든 보지 않든 성실하게 최선을 다하면 좋은 결과가 따른다는 것을 새삼 깨닫게 됐다.

옛 고전에 '신독愼獨'이라는 말이 나온다. 『대학大學』에 기록된 '군자는 보지 않는 곳에서 삼간다(君子必愼其獨也)'는 말이다. 누가 감시하지 않아도 스스로 모든 일에 최선을 다한다는 의미이다. 우리의 일상에서도 이러한 신독의 의미는 매우 크다. 남이 지켜볼 땐 최선을 다하지만 보는 사람이 없으면 게을러지고 만다면, 제대로 성과를 내지 못할 뿐 아니라 그 일을 매개로 관계 협업을 맺는 일도 일어나지 않을 것이다. 남이 있든 없든 전심전력을 다하는 자세, 바로 이것이 우리의 관계 협업을 조금 더 단단하게 만드는 계기가 될 것이다.

진짜 해야 할 손익계산은
따로 있다

　　사업이 어느 정도 안정을 찾은 뒤로 오디오에 대한 관심이 부쩍 늘어났다. 한번 빠지면 헤어 나오지 못하는 것이 오디오라는 말은 많이 들어봤지만, 나 역시 그렇게 될 줄은 몰랐다. 그런데 안목이 높아질수록 오디오 선택 기준이 더욱 까다로워지면서 오히려 고르기가 더 어려워지는 경향도 있다는 사실을 알게 됐다. 그래서 수많은 신제품이 쏟아져 나와도, 선택은 오히려 멈추게 된다. 무수한 스펙을 따지다 질려버리는 것이다. 이런 일은 인간관계에서도 일어난다. 관계에서 지나치게 손익을 따지다 보면 스스로 자신을 가두는 결과를 초래한다. 누가 따돌린 것도 아닌데, 스스로 따돌

림을 당하는 것이다. 인간관계에서는 손익계산을 내려놓아야
우리의 삶이 더 풍성해진다.

우월감도, 주눅도 들지 않고

한국에서의 삶을 되돌아보면, 유난히 '지위 고하'를 많이
따졌던 것 같다. 회사에서는 상사에 대한 충성이 요구되고, 늘
뭔가를 빨리빨리 이뤄내야 했기 때문에 자신에게 도움이 되지
않는 관계는 서둘러 정리하고, 도움이 된다고 생각하면 붙잡
곤 했다. 그래야 효율적으로 살아갈 수 있기 때문이다. 그런데
외국 생활을 하면서 이런 조급증이 무뎌지고, 특히 아무 것도
없이 맨바닥에서 시작하다 보니 모든 인연이 다 소중했다.

한국 이외의 선진국과 후진국을 모두 경험해본 나로서는
두 나라 모두 나름의 이유로 수평적인 사회인 것 같았다. 선
진국은 애초에 조직에 충성하는 집단 문화가 아닌 개인주의
가 발달했기 때문에 지위 고하에 지나치게 얽매이지 않는다.
후진국은 경제가 덜 발달했기 때문에 서민들끼리 뭉쳐야 하
고 따라서 굳이 지위 고하가 중요하지 않은 것 같았다. 마치

가난했던 우리의 과거 시절, 오히려 사람간의 정이 더 풍성했던 것과도 비슷하다. 더구나 아무런 연줄도 연고도 없이 외국 생활을 해야 했던 나로서는 그건 걸 따지면 관계가 시작되기조차 힘든 상황이기도 했다.

그런데 이렇게 사람을 평가하고 득실 관계를 계산하는 것은 거의 무의식적으로 이뤄지기는 한다. 나보다 돈이 많고 지위가 높은 상대에게는 자신도 모르게 고개가 숙여지고, 반대의 경우엔 특별한 이유도 없이 더 당당해지기도 한다. 그러나 이런 모습들은 자신의 삶에 도움이 되지 않는다고 생각한다. 이익을 따지기 시작하면 관계가 금방 무너진다는 사실을 경험을 통해 알았기 때문이다.

나는 사람을 대할 때마다 서로의 역할과 위치만 다를 뿐, 아무리 하찮아 보이는 사람이라도 무시해서는 안 된다고 여긴다. 이 말은 반대의 입장에도 동일하게 적용된다. 아무리 대단한 사람이라고 해도 근거 없이 주눅이 들어서는 안 된다는 이야기다. 사실 사람들은 본능적으로 타인이 자신을 어떻게 대하는지를 알아챈다. 눈빛이나 말투, 손짓에서도 누군가를 무시하는 모습이 드러나고, 자신도 모르게 편견에 녹아들게 된다. 반면 이러한 것들을 주의하며 누구에게나 동등하게 대하면, 상대방도 그에 걸맞는 자존심을 가지고 나를 대한다. 그래서 타인을 대할 때 중요한 것은 그의 지위가 높고 낮음에 상관없이 동등하게 대하는 태도이다. 눈에 보이는 손익계산을 버리면, 누구와도 같은 선상에서 출발할 수 있다고 믿는다. 나보다 못해 보이는 사람이라도 내가 정중하게 대하면 나와 같은 선상에서 함께 뛸 수 있고, 나보다 높다고 하더라도 주눅 들지 않으면 내가 그의 곁으로 갈 수 있어 마찬가지로 여정을 함께 할 수 있다.

정말 따져야 할 손익계산은 따로 있다

관계의 손익계산에서 벗어나는 두 번째 방법은 나의 이익을 먼저 생각하기보다는 '상대의 이익'을 먼저 생각해보는 것이다. 우리는 살면서 어떤 사람에게 고마움을 느낄까? 물론 나에게 친절하고, 먼저 다가오는 사람에게 고마움과 호의를 느끼곤 한다. 그런데 무엇보다 진심으로 고마운 사람은 바로 나의 '필요'를 해결해주는 사람이다. 내가 겪고 있는 곤란, 불편, 그리고 하고 싶은 것이 있지만 할 수 없는 상황을 해결해

주어 나에게 이익을 주는 사람이라면 저절로 '땡큐'라는 말이 나온다. 내가 누군가에게 '진심으로 고마운 사람'이 되면 관계에서 일어나는 거의 대부분의 문제가 해결된다. 나로 인해 자신이 이익을 얻고 문제가 해결된다면 나는 그 사람에게 '구세주'가 되는 셈이다. 고마움을 느낀 사람은 언제든 그것을 보답하기 위해 노력한다. 내가 나의 이익을 먼저 생각하면 상대방은 거부감을 느낀다. 이런 상태에서는 관계 자체가 쉽게 이루어지지 못한다. 내가 나의 이익을 먼저 챙겨서는 안 되는 이유가 바로 여기 있다.

그런데 여기에서 한걸음 더 나아가 타인의 이익을 먼저 챙겨주기 위해서는 '속마음을 말하는 사이'까지 발전해야 한다. 수많은 인간관계를 되돌아보면 항상 즐거운 관계도 있다. 만나면 유쾌하고 즐겁지만, 막상 헤어지고 나면 남는 것이 별로 없는 관계이다. 호의는 있지만 서로의 아픔까지 나누는 관계로 나아가지는 못한다. 상대에게 무엇이 부족한지, 내가 어떻게 도와줘야 할지를 모른다. 이런 상태에서는 서로에게 이익이 되는 관계로 진입하지 못한다. 물론 처음부터 자기 아픔을 드러낼 필요는 없지만, 마치 자신의 인생에는 아무런 문제도 없는 냥 행동하면 관계의 진전은 그 자리에서 멈추고 만다.

조금씩 마음을 먼저 열어주어야 상대방도 자연스럽게 마음을 연다.

『성공한 사람들의 7가지 습관』이라는 책에는 '감정계좌'라는 개념이 나온다. 이 내용을 읽으면서 나는 '정말로 우리가 손익계산을 따져야 할 부분은 바로 이런 감정계좌이구나'라고 생각했다. 책에서는 만약 내가 상대방의 고민을 들어주었다면 '입금'으로 치고, 서로 약속을 해놓고 늦은 내가 변명만 하고 있다면 '출금'으로 표시하라고 한다. 이 감정계좌는 타인을 얼마나 배려하느냐, 혹은 그를 얼마나 도와주었냐를 말해주는 것이기도 하지만, 나는 그보다 더 중요한 의미가 있다고 믿는다. 바로 인간관계는 '첫 거래'만으로는 원활해질 수 없고, 장기간 거래해야 한다는 점이다. 은행도 첫 거래자에게는 돈을 잘 빌려주기 않는다. 꾸준히 신용이 쌓이고 시간이 흘러야 그제서야 믿고 돈을 빌려준다. 인간관계도 마찬가지라고 본다. 진짜 해야 할 손익계산은 내가 상대방에게 얼마나 많은 도움을 받았느냐를 따지는 대신, 내가 얼마나 신뢰성 있게 상대와 마음의 거래를 했는지를 확인하는 것이다.

가성비 뛰어난 투자, 선물

관계 협업을 보다 진전시키기 위해서는 마음 그 이상의 것이 필요하다. 상대방의 진정성과 마음의 태도도 중요하지만, 이를 더 단단하게 만들어주는 '플러스 알파'가 필요하다는 이야기다. 그것은 바로 '선물'에서 완성된다. 이 선물을 물질적인 것이라고 볼 필요는 없다. 마음을 제대로, 잘 보여주기 위해 선물은 반드시 필요하기 때문이다. 선물이 꼭 값비싼 것일 필요는 없다. 얼마 되지 않은 돈으로도 충분히 가성비 높은 효과를 발휘할 수 있다. 다만 어떤 상황에서, 어떻게 선물을 하는지는 매우 중요하다. 때로는 가격보다 더 중요한 것이 바로 타이밍과 상황이다. 또, 각 사람의 특성을 파악하는 일도 관계 협업을 발전시키는 일에서 매우 중요하다. 상대방 파악과 선물. 이 두 가지는 관계 협업을 훨씬 업그레이드해 주는 중요한 부분임을 잊어서는 안 된다.

특별한 경험 선사하기

선물을 할 때 여러 가지 고민이 생긴다. 너무 싼 걸 사서 상대방이 기분 나쁠까 봐 걱정되고, 다소 비싼 선물을 사려면 그것도 망설여진다. 그럴 땐 경험상 '한국적인 선물'이 가장 좋은 선택이었다. 가끔 클라이언트의 집에 놀러가면서 손수 보자기로 싼 떡을 선물하면 무척 좋아했다. 생일에 한국 라면 한 상자를 사다 줬더니 너무도 좋아하던 기억도 난다. 따지고 보면 떡이나 라면 한 상자라고 해야 그리 비싼 편이 아니다. 대체로 한국 돈 4~5만 원 정도면 충분하다. 이런 선물을 받으면 꼭 선물 때문이 아니라 '저 사람은 나를 생각해주는구나'라는 고마운 마음에 관계가 매우 가까워진다.

젊은 친구들을 집으로 초대할 때에도 신경을 쓴다. 스테이크 하나를 사도 고심해서 고르고, 고기 맛과 잘 어울리는 와인을 선택하는 것도 고민을 한다. 그리고 스테이크와 와인을 마시면서 좋은 음악까지 배경으로 깔아주면 상대방에게 나는 완전히 '성공한 한국인 사업가'가 된다. 그들은 나를 '삼촌'이라고 부르고 취미로 축구도 하는 멋진 남자로 생각한다. 실제로 내가 그다지 멋지거나 성공한 것은 아니지만, 중요한 것은 그들이 그렇게 인식한다는 점이다.

요트 체험도 매우 큰 선물이 될 수 있다. 사실 10억짜리 자동차를 한번 태워주는 것보다는 요트 체험이 훨씬 강한 인상을 남긴다. 10억짜리라고 해도 어차피 땅 위를 달리는 자동차라는 점에서 그 감동이 크지는 않다. 그러나 요트는 완전히 다르다. 사실 내가 요트 항해 자격증을 딴 것 역시 내가 즐기기보다는 주변 사람들에게 선물 같은 체험을 하게 해주기 위해서였다. 내 딸과 그 친구들을 요트에 한번 태워주자, 딸의 친구들은 "야, 너의 아빠 너무 멋지다!"라는 말을 했다고 한다. 말 그대로 가성비 차원에서 최고의 선물이 아닐 수 없다. 상대를 향한 진심 어린 마음과 감동적인 선물. 아마도 이 두 가지라면 그 누구도 나의 편으로 만들 수 있을 것이라고 확신한다. 물론 나 역시 요트를 소유할 정도는 아니고 그저 멤버십을 이용해 1년에 몇 회 정도 탈 수 있을 뿐이다. 그럼에도 이러한 경험을 누군가에게 선사할 수 있다면, 그것으로도 충분히 값어치를 한다고 본다.

상대방의 강점에 맞는 일을 맡겨라

선물을 통해 사람들에게 감동을 주어 관계를 끈끈하게 만드는 일도 중요하지만, 인종이나 민족의 특성을 알고 그들의 성향에 맞는 최적의 일을 맡기는 일도 매우 중요하다. 이러한 것도 하나의 '배려'라고 볼 수 있다. 누군가 당신의 성향에 맞는 일을 제안한다면 훨씬 수월하게 일을 완수할 수 있기 때문이다.

내가 겪은 중동 사람들은 돈에 대한 집념이 매우 강하고 거칠어 힘든 일도 마다하지 않는다. 한국인들은 돈을 많이 줘도 힘든 일은 잘 하지 않으려는 경향이 있는데, 중동 사람들은 힘이 들어도 복잡하지 않고 단순한 일을 좋아한다. 예를 들면 건설현장에서 콘크리트 공사와 관련된 일이다. 콘크리트와 관련된 일은 복잡한 기술이 필요하지 않은 대신, 꽤 힘든 일에 속한다. 중동 사람들이 콘크리트 업계에 포진해 있는 것에는 다 이런 이유가 있다. 돈 문제만 빨리빨리 해결해 주면 좋은 관계를 맺기가 더욱 수월하다.

중국 사람들은 담배를 참 좋아한다. 일단 만나면 담배부터 하나 건네고 시작한다. 담배를 피우지 못하면 '뻐끔 담배'라도 피는 시늉을 해야 친밀해질 수 있다. 이들에게 담배는 교류의 상징인 것 같다. 호주 사람들은 펍에서 함께 맥주를 마시고 축구나 럭비 이야기를 할 수 있을 정도면 금세 가까워질 수 있다.

무슬림도 나름의 특징이 있다. 우리는 무슬림이라고 하면 다소 무서운 인상을 떠올리지만, 실상은 정반대이다. 이들은 술을 전혀 마시지 않으며 굉장히 순박하다는 특징이 있다. 오로지 종교의 계율에 따라 살아가기 때문에 다른 나라 사람들보다 법과 규칙을 잘 지키는 경향이 있기도 하다.

관계 협업은 관계를 만들어 나가는 데 있어 진정성과 성실함을 기본으로 하지만, 여기에 플러스 알파를 더해 효율성을 높이는 고차원적인 전략이기도 하다. 그 플러스 알파란 상대방의 성향과 강점 그리고 회피하려고 하는 점들을 파악하는 것이다. 이를 바탕으로 그에게 맞는 일, 잠재력을 극대화시킬 수 있는 일을 맡긴다면 서로의 성장을 도모할 수 있을 것이다. 이러한 전략에 익숙해지고, 상대를 파악하는 능력이 더해진다면, 관계 협업의 능력 역시 훨씬 더 강화될 수 있으리라 본다.

함께 일하면
마음이 편해지는 이유

나는 내가 봐도 참 성실하다. 안정된 생활을 위해 몸에 익은 습관이다. 이 부분만큼은 다른 사람들의 존경과 칭찬을 받을 만하다고 자부한다. 나의 하루는 새벽 4시 30분에 시작된다. 6시에 집에서 나오기 때문에 그 시간이면 일어나 샤워를 해야 한다. 삶의 질을 좌우하는 데는 이처럼 아침을 대하는 자세가 매우 중요하다.

공사 현장 책임자로 출근하지만, 늘 외모는 품위가 있어야 한다고 생각한다. 깔끔한 머리 스타일에 정돈된 모습을 갖추기 위해 노력한다. 향수도 좋다고 하는 제품을 쓴다. 검은색 브이넥 티나 빌더 유니폼에 청바지를 함께 입는다. 이런 차림으로 건축 현장에 가면 관리자가 아닌, 사장처럼 보인다고 말하는 사람도 있다. 내게 "그렇게 깔끔한 옷을 입고 어떻게 공사장에 나와서 일을 해?"라고 반문하는 현지인도 있었다. '노가다가 뭐 그렇게까지 할 필요가 있냐?'라는 말로 들리기는 하지만 개의치 않는다. 하루에 들러야 하는 현장만 5~6군데 되는데다가 워낙 거리가 멀어 집에서 50km 떨어진 곳도 있고 80km 떨어진 곳도 있다. 땅이 넓은 나라이다 보니, 운전만 해도 피곤할 지경이다. 그래도 항상 흐트러짐 없이 제 시간에 현장에 도착하고 실수 없이 일하기 위해 노력한다.

'한결같은 성실함이 좋아'

비즈니스 파트너 중 레바논 사람이 있다. 그 나라 사람들도 한국인들처럼 성격이 급하고 열정적이다. 때로는 '끓어 넘친다'고 표현할 정도로 부산스럽기도 하다. 언젠가 그에게 뜻밖의 이야기를 들었다.

"나는 너의 그 한결같은 태도와 성실함이 좋아. 너랑 일하면 마음이 편해지거든."

사실 나는 내가 잘 살고자 성실했던 것이지 남을 편안하게 해주기 위해 성실했던 것은 아니다. 성실함이란 내 인생의 덕목일 뿐, 관계의 덕목이라고는 생각하지 않았기 때문이다. 그런데 성실함은 나만을 위한 것이 아니라 타인을 위한 것이기도 하며, 다른 사람들과의 관계 협업에 큰 도움이 된다. 그 레바논인 파트너 덕분에 뜻밖의 통찰을 얻은 셈이다.

성실함은 실수와 좌절 가운데서도 안정을 되찾아주는 하나의 패턴이라는 생각도 들었다. 실수를 하면 누구나 감정적으로 흔들린다. 그러나 그 감정에 그리 오래 끌려다니지 않을 수 있었던 이유는 바로 성실함이 일상의 패턴처럼 반복돼 왔기 때문이다. 마음이 흔들려도 늘 새벽 4시 30분에 일어나는 하루에 맞춰져 있다 보니, 그 견고한 시간 속에서 심리적인 흔들림이 격하지 않았다는 의미이다. 그래서 성실함이란 일종의 안전 장치이기도 하다.

평소의 성실함이 무기가 된다

때로는 일의 결과 자체보다는 그 결과를 대하는 자신의 태도 때문에 더 상처받는 경우가 있다. 나쁜 결과를 긍정적으로 해석하고 넘어가는 것과 "그래, 그럴 줄 알았어", "내가 하는 일이 그렇지 뭐"라고 부정적으로 말하는 것은 하늘과 땅 차이이다. 남이 나에게 부정적인 평가를 해도 잊고 넘어갈 수 있지만, 내가 나를 부정적으로 해석하면 그 내면의 목소리가 계속 나를 따라오며 고통을 가한다. 이러한 자기 비난이야말로 우리가 감정을 잘 다스리지 못하는 주요 원인이 되기도 한다. 하지만 그간 성실한 생활 패턴을 꾸준히 유지해왔다면, 스스로도 용서가 비교적 쉽다.

'이제까지 잘해왔으니까 그 정도는 넘어가주자!'

'90% 잘했으면 10%는 좀 모자라도 되는 거 아니야?'

내가 나를 용서할 수 있는 여지가 생기고, 핑계 삼을 여백도 만들 수 있다. 성실함에 이런 유용성이 있을 줄이야. 과거에는 몰랐지만, 나는 은연중에 성실함을 통해 또 다른 혜택을 입고 있었다.

일의 결과에서도 어느 정도 플러스 요인이 되는 것이 성실함이다. 어쩔 수 없는 상황에서 실수를 하더라도 그것으로 인한 여러 피해를 막아주는 장치도 된다. 평소 성실한 사람이 하는 실수와 게을렀던 사람이 저지른 실수에 대해서는 평가가 다르다. 전자는 '어쩔 수 없었나 보다'고 이해하지만, 후자에 대해서는 '이럴 줄 알았어'라고 더 가혹한 평가를 내린다. 사람들은 남에게 잘 보이기 위해 여러 가지 노력을 하지만, 사실 성실하게만 살아도 좋은 평가를 받을 수 있다. 성실함은 생각보다 생활에 여러 이득을 가져다 주는 삶의 태도이다.

융복합적 과학기술이 주도하는 4차 산업혁명으로 창의성이 무기가 되는 시대가 왔다고 말한다. 그래서 과거와 같은 틀에 박힌 성실함은 의미가 없다고 폄하되기도 한다. 성실이 아니라 자유로움과 창의성이 더 중요해진 시대가 왔다는 것이다. 그러나 성실함은 창의성의 반대 개념이 아니다. 어쩌면 성실함이라는 바탕이 깔려 있어야 창의성을 발휘할 수 있는 것인지도 모른다. 거기다 4차 산업혁명의 시대라 하더라도 인간관계의 기본과 본질은 변하지 않는다. 인간을 둘러싼 환경이 바뀔 뿐이지, 인간 사이의 근본 전제는 달라지지 않기 때문이다. 그래서 성실은 지금도, 앞으로도 자신을 지켜주고 관계를 안정적으로 만들어주는 훌륭한 미덕으로 남을 것이다.

．
．
．

인류의 오랜 역사를 살펴보면,
가장 효과적으로 협력하고
즉흥적으로 대처하는 방법을
깨달았던 사람들이
우세했던 것을 알 수 있다.
이는 동물도 마찬가지이다.

_ 찰스 다윈

청년이여,
자체 발광하는 삶을
살아라

청년들에게 가장 큰 고민은 단연 일이다. 일을 찾고, 그 일을 수행하는 과정에서 겪은 우여곡절로 따지자면, 나 역시 둘째가라고 하면 서러울 정도다. 초등학생 때부터 대학생 시절까지 아르바이트를 해보지 않은 적이 없었다. 지금은 호주에서 건축업으로 나름의 저변을 탄탄하게 했지만, 이러한 삶을 이루기까지 숱한 고생을 겪었다. 그러는 사이, 나는 일을 대하는 태도 역시 매우 중요하다는 사실을 깨달았다.

뿐만 아니라 이제 청년들의 해외 진출을 적극적으로 권한다. 전 세계적으로 팬데믹 상황이기는 하지만, 여전히 해외로 진출하는 한국 청년들이 많고 앞으로도 많아질 것으로 보인다. 특히 우리나라의 위상이 예전보다 훨씬 더 높아져, 청년들이 새로운 삶의 비전을 가지기에 충분하리라 본다.

가난보다 부끄러운 것

가끔 부모님에 관해 생각해 본다. 부자이고 잘난 부모에게서 태어났다면 어땠을까? 집안 배경이 달랐다면 내 인생도 달랐을까? 다 자란 성인에게는 별로 의미 없는 질문일 수도 있다. 나라는 사람은 이미 선택권 없이 태어났고, 부모님이 누구든 간에 내 삶을 개척해 나가는 것은 내 몫이기 때문이다. 바꿀 수 없는 현실이나 미래에 대해 생각하는 것은 의미 없는 일일 수 있다. 그런데 어느 순간 깨달았다. 내가 부모님에 관해 생각해 보는 것은 내가 처한 현실을 깨닫고 더 나은 나로 발전하는데 대단히 의미 있는 일이라는 사실을.

부모의 가난이 나에게 선물한 것들

2018년과 2019년은 나에게 매우 슬픈 시간이었다. 사랑하는 어머니와 동생을 모두 잃은 해였기 때문이다. 소식을 듣고 시드니에서 한국으로 가는 비행기 안에서 만감이 교차했다. 누구도 대체할 수 없는 사랑하는 가족이, 불러도 대답 없는 메아리처럼 돌아오지 않는 사람들이 됐기 때문이다. 이제는 보고 싶어도 볼 수 없는 안타까운 현실이 나를 슬프게 했다.

어머니와 동생을 그리 떠나 보내고 나니 오래전 세상과 이별하셨던 아버지에 대한 생각을 떨칠 수 없었다. 아버지는 두부공장, 양조장 등 몇 가지 사업을 하셨다. 남들에게 많이 퍼주시는 편이다 보니 부도가 났다고 한다. 사업 실패 후 알코올 중독을 앓다가 갑자기 실종되셨다. 어머니가 아버지의 빈자리를 메꾸기 위해 두부공장을 운영하셨고 나 역시 동생과 함께 두부를 배달하고 수금하던 기억이 있다. 아버지가 실종된 지 1년이 넘어가고 있을 때였다. 초등학교 3학년 초에 반장 선거가 열렸다. 그날 반장은 되지 못하고 부반장이 됐다. 섭섭한 마음이 들면서 아버지가 있었으면 어땠을까 하는 생각이 들었다. 학교를 마치고 집에 가니 중랑천 쪽방에 있는 경찰서로

오라는 연락이 왔다. 버스를 타고 가면서 아버지에게 변고가 생겼다는 것을 직감했다. 아니나 다를까, 물에 빠져 돌아가신 아버지의 시신이 발견된 것이다. 손발은 물론이고 온몸이 불어 있었지만 이상하게도 무섭지는 않았다. 타살의 징후도 있었는데 추가 수사가 이루어지지 않고 자살로 종결됐다. 아버지는 큰 빚을 남기고 돌아가셨지만, 평소 나에게는 많은 사랑을 주셨다. 항상 최고가 되어야 한다면서 학교 갈 때 항상 깨끗한 구두와 하얀 와이셔츠를 준비해 주셨고 아침마다 머리를 단장해 주셨다. 어릴 때부터 자존감을 잃지 않도록 독려하려고 그러셨을 것이다. 그러나 한편으로 아버지가 빚 대신 돈을 남겨주셨다면 얼마나 좋았을까 하는 생각을 하곤 했다. 배가 고플 때는 늘 아버지 생각이 났기 때문이다.

언젠가 세계적인 액션 배우 성룡이 우리나라 방송에 출연해서 이런 말을 한 적이 있다.

"저는 죽을 때 은행 잔고가 0이어야 한다고 제 자신과 약속했습니다."

그러자 함께 출연한 한국인 패널들은 왜 자녀에게 돈을

물려주지 않느냐고 물었다. 사실 나도 비슷한 생각이었다. 돈 많은 아빠를 둔 자녀의 입장에서, 아버지가 자신에게 돈을 물려주지 않으면 오히려 가난한 아빠를 둔 것보다 더 섭섭하지 않을까 싶었다. 하지만 성룡의 대답은 명언 그 자체였다.

"자녀가 능력이 있다면 아버지인 저의 돈이 필요 없을 것입니다. 반대로 능력이 없다면, 제가 재산을 물려줘도 헛되이 탕진할 것입니다."

나는 그 말을 듣고 내 가난했던 어린 시절과 부모님에 얽힌 많은 가슴 아픈 사연을 오히려 긍정의 에너지로 바꿀 수 있었다. 성룡이 말하고자 했던 것은, 결국 '부모의 돈과 자녀의 인생'은 본질적으로 다르다는 점이다. 부자들은 자녀를 오히려 혹독하게 교육한다고 한다. 돈을 빌려주기는 해도 은행처럼 꼬박꼬박 이자를 갚게 하기도 하고, 때로는 부모의 돈에 아예 신경을 쓰지 못하도록 거액을 기부하거나 사회에 환원하기도 한다. 그렇다면 은행에서 돈을 빌리는 것이나 돈이 없는 부모를 만나는 것이 뭐가 다르겠는가.

내가 살면서 하나 깨달은 사실이 있는데, 그것은 바로 '절대적인 것은 없다'는 점이다. 절대적으로 좋은 것도, 절대적으로 나쁜 것도 없다. 좋아 보이는 것도 그것을 얻기 위해 반드시 대가를 치러야 하고, 나빠 보이는 것도 나에게 또 다른 여지와 자유를 남겨준다.

부모님은 스스로의 가난함으로 나에게 치열하게 살아가는 태도를 선물했고, 경제적 지원을 해주지 못함으로써 오롯이 혼자의 힘으로 세상과 싸워나갈 수 있는 담대함을 물려주었다. 만약 나에게 관심도 많고 경제적 지원도 많이 해주었다면, 나에 대한 기대치 역시 엄청 높았을 것이다. 내가 부모님의 바람을 이루지 못하면 나에게 실망도 컸을 것 같다. 내가 그런 부모님의 기대를 충족시켰다고 해도, 내 스스로가 불행하지 않았을까 생각한다. 그건 나에 대한 부모님의 바람이지, 내가 주체적으로 세운 나만의 목표와 꿈이 아니기 때문이다.

그간 돌아가신 가족들은 나에게 큰 힘이 되어 주었다. 예전에 견딜 수 없이 힘들거나 힘이 부칠 때는 하늘에 계신 아버지에게 도움을 청했고, 어머님과 동생이 돌아간 뒤에는 어머님과 동생에게 도움을 요청한다. 가족 중 세상에 남은 사람은 나 혼자이지만, 여전히 든든한 지원군이며 살아계실 때보다 더 많은 교감과 도움을 받고 살아가고 있다. 생전에 주고받지 못했던 사랑과 도움을 지금이라도 받을 수 있으니, 이 세상에서 누구보다 큰 행복이 나의 빈자리를 메워주고 있다.

성공의 원동력, 빈곤과 결핍

이렇게 보나 저렇게 보나 인생에는 '총량의 법칙'이 있는 것 같다. 삶에서 느낄 수 있는 기쁨과 슬픔의 양이 정해져 있다는 이야기다. 어릴 때 많은 혜택을 받고 행복을 누리면 나이가 들어서 그것이 줄어들고, 어려서 고생을 하면 반대의 상황이 펼쳐진다는 내용이다. 물론 이 내용을 과학적으로 증명하거나 객관적인 수치로 확언하기는 힘들다. 하지만 부자들도 고민이 많고, 부자의 자녀들이라고 꼭 행복하지만은 않다. 어느 신문에서 '임대료 부자의 하루 일상'에 대한 기사를 보았다. 한 달이면 무려 17억 원의 월세를 받는 어느 부자의 하루 일과를 취재한 내용이었다. 일반인들은 평생을 노력해도 모으지 못할 돈을 매달 버는 사람이었다. 과연 그런 사람들은 어떤 '어메이징한 하루'를 보낼까? 매우 흥미진진하게 기사를 읽어 내려갔다.

'아침 일찍 일어난 그들은 골프나 운동을 하고, 호텔 사우나에 간다. 친구들과 점심을 먹은 후 건물관리 업체의 관리자를 만나 특별한 내용이 있는지를 보고받는다. 그리고 3시 이후에는 집에서 휴식을 취한다. 일주일에 한 번은 부인과 백화점 쇼핑을 하고, 별장을 찾기도 한다. 분기별로 1회 정도는 반드시 해외여행도 빼놓지 않는다…'

　기사를 읽은 후 '이게 뭐야?'라는 말이 튀어나올 뻔했다. 기사의 내용대로라면, 나는 그런 재미없는 일상을 살고 싶지는 않을 것 같았기 때문이다. 돈이 많으면 가난의 고통에서 벗어날 수는 있어도, 우리가 생각하듯 대단히 드라마틱하고 환상적이지는 않다는 이야기다. 여기에서도 절대적인 것은 없다는 원리가 적용된다.

　돈이 많다고 반드시 행복한 인생을 사는 것은 아니다. 마찬가지로 부모가 자녀에게 관심이 많거나 경제적으로 풍족하게 지원한다고 해서 반드시 자녀가 잘 되는 것도 아니다. 수년 전 '타이거맘Tiger mom'이라는 말이 회자된 적이 있다. 아이에게 많은 관심을 쏟고 경제적으로 탄탄한 지원을 하지만, 마치 호랑이처럼 무섭게 키운다는 의미다. 실제로 어떤 연구결과에 의하면 타이거맘은 그 자신이 매우 불행해진다고 한다. 자녀의 미래에 대한 걱정, 불안, 스트레스 때문에 행복한 삶을 살지 못한다. 자녀는 자녀대로 공부에 대한 스트레스를 많이 받는다. 특히 타이거맘은 자녀가 성인이 된 뒤에도 통제력을 행사하려는 노력을 멈추지 않는다고 한다.

부모님이 물려준 선천적인 제약과 빈곤과 결핍을 긍정적으로 역전시키지 못하는 사람은 그것에 발목을 잡혀 앞으로 나아가기도 힘들다. 혹시 부모님이 돈이 많지 않아 아쉬운 적이 있는가? 그래서 흙수저라고 한탄해본 적 있는가? 그렇다면 곰곰이, 오랜 시간 부모님에 대해 생각하는 시간을 갖길 권한다. 그 과정에서 당신이 겪은 빈곤과 결핍이 결국 당신을 올바로 세운 원동력이 되었다는 사실을 알게 될 것이다.

일자리는
나의 변화로부터 온다

　요즘 한국에서 가장 힘든 사람은 다름
아닌 청년들이 아닐까 싶다. 과거 청년들은 열정적으로 일하
며 가장 인생을 즐기는 남부럽지 않은 세대였는데, 지금은 그
렇지 못하다는 사실에 괜히 미안한 마음까지 든다. 청년들의
많은 문제는 일자리에서 시작된다. 다른 건 다 제쳐두더라도
우선 돈을 벌 수 있어야 사회적인 자신감이 생기는데, 그게
안 되니 많은 문제가 이어진다.

　그런데 이 일자리 문제는 '일자리가 많으냐, 적으냐', 혹은
'좋은 일자리냐, 부실한 일자리냐'의 문제만은 아니라고 본다.
일자리의 질을 따지기 전에, 일에 대한 본인의 마음이 더 중요

하다는 이야기다. 호주에서 일을 바라보는 관점은 한국 사람들의 관점과는 사뭇 다른 점이 많다. 일에 대한 새로운 태도를 가지면, 좋은 일자리가 없다는 생각에서 벗어나 스스로 일에 대한 자존감을 세워나갈 수 있을 것이다.

다이내믹한 일의 세계

청년들이 일자리를 구할 때도 남의 시선을 신경 쓰기도 한다. '내가 이런 일을 하면 남들이 어떻게 생각할까?' 의식하는 것이다. 부모님께 죄송하고 친구들이 나를 무시하지 않을까 걱정하기도 한다. 한국에서의 '일자리 미스 매치'도 이런 이유 때문에 생겨난다. 중소기업에서는 일할 사람이 없어서 아우성이지만, 정작 청년들은 중소기업에 가지 않는다. 월급도 적고, 복지도 미흡하고, '남들 보기에도 그렇다'는 이유 때문이다. 물론 이런 생각 자체를 비난할 수는 없다. 이미 남을 의식하는 문화가 팽배한 상황에서 무조건 '남을 의식하는 건 나쁘다'고 말할 수 없기 때문이다. 그렇다고 해도 남의 시선 때문에 자신만의 일을 갖지 못하는 것은 인생의 큰 낭비가 아닐 수 없다.

특히 대기업과 공무원만 선호하는 우리나라의 정서는 대다수 젊은이를 포함한 국민들에게까지 획일적이고 협소한 직업의식을 형성케 하며 스스로를 올가미에 가두게 하는 사회적 병폐를 만들어 내고 있다. 안정적인 미래를 위해 '철밥통'이라 불리는 공무원을 갈망하는 것은 이해되지만, 불확실한 미래를 나만의 희망과 도전으로 채우고 준비한다면 더 크고 밝은 미래가 모두를 기다리지 않을까?

한국에 비하면 호주는 정말로 직업에 귀천이 없다. 배관공이나 청소부들도 자부심을 가지고 살아간다. 물론 하루에 버는 돈이 적지는 않다. 숙련된 사람의 경우 한국 돈으로 하루에 50만 원까지 벌 수 있다. 거기다 본격적으로 배관 일을 하기 위해서는 4년 정도의 공부가 필요하다. 결코 쉽게 할 수 없는 일이기도 하다. 그러나 이런 외적인 조건 외에도 이들은 '노동은 신성하고 귀천이 없다'는 믿음이 확고하다. 그러니 남의 시선을 전혀 신경 쓰지 않으면서 자신의 일을 성실하게 해 나간다. 그 노동을 통해 가족을 부양하고 사회에 참여하면서 하루하루 일상의 행복을 누린다. 지금 한국의 청년들에게도 이런 정신이 필요하다고 본다. 좋은 일자리가 없으니까, 대기업이 아니니까 등의 생각에 갇히면 영원히 기회를 찾지 못할 수도 있다. 이제는 자신이 하는 일에 자부심을 갖는 것이 얼마나 중요한지 깨달아야 하고, 기성세대와 사회 역시 같은 눈높이에서 직업에 대해 새롭게 정의하고 인정하는 태도가 필요하다.

내가 경험한 일의 세계는 처음부터 완전히 준비되고, 모든 것이 잘 차려진 후 내가 그것을 선택하기만 하면 되는 것이 아니다. 지극히 불완전한 상태에서도 할 수 있는 일부터 해나가면서 더 높은 곳으로 도약하는 다이내믹한 세계이다. 일단 일을 시작하면 새로운 기회가 보인다. 그 업종에 종사하는 사람들과 이야기를 나누다 보면, 그리고 회사에서 일하고 있는 상사들의 모습을 경험하면 더 나은 새로운 기회가 보일 것이다. 그러다가 틈새를 찾아 창업도 할 수 있고, 경력을 쌓은 뒤 다른 회사로 이직해서 삶의 질을 높일 수도 있다. 무엇을 하든 '일단' 시작하지 않으면 아무런 기회도, 변화도 있을 수 없다. 최소한 자신과 맞는 분야가 있다면 회사의 규모는 상관이 없다고 본다.

일은 살아있는 생명체다

....

일을 한다는 것은 돈을 버는 것이기도 하지만 자신의 마음, 정신, 정서 상태를 관리하는 것이기도 하다. 매일 아침 늦게 일어나 축 늘어져 있는 사람과, 어떤 일을 하든 아침 일찍 출근 준비를 하고 늘 상사나 동료와 대화를 나눌 수 있는 사람. 과연 누가 더 건강한 사람일까? 당연히 후자다. 일을 하면 돈을 버는 것 외에 나에게 주어진 일을 해내고 있다는 자신감, 언제든 새로운 기회를 엿보겠다는 흥미진진함과 더불어 사회적인 참여감도 느낄 수 있다. 말 그대로 살아 움직이며 자신의 미래를 꿈꾸는 자가 된다. 그런 점에서 각자가 맡은 일을 훌륭하게 소화할 때 정신건강에도 이롭다.

소위 '사' 자가 들어가는 직업이냐, 힘든 육체노동을 하느냐로 직업의 계층을 구분하는 시선도 있지만, 한 사회가 통합을 이루고 온전히 돌아가기 위해서는 어느 직업군 하나 중요하지 않은 것이 없다. 이 의미를 깨닫는다면 어떤 일을 하느냐는 중요하지 않을 것 같다. 자신이 만족하면 되지, 더 이상의 비교는 의미가 없다는 뜻이다. 나는 이것을 '일터에서의 흥분감'이라고 생각한다. 이러한 흥분감은 마치 자신의 인생을 더 건강하게 만들어주는 비타민 같은 것이다. 무엇보다 이 흥분감은 우울감, 외로움에 맞설 수 있는 최고의 명약이다. 자신의 삶에 긴장감을 놓지 않고 설레는 흥분을 안고 살아가는 사람에게는 외로울 시간도, 우울할 여유도 없기 때문이다.

정부에서도 청년 일자리를 위해 많은 돈을 쓰고 있다. 그 액수가 몇 천억 원 수준이 아니라 조 단위이다. 그럼에도 불구하고 청년 일자리의 상황은 크게 나아지지 않는다. 이것을 '나라의 잘못'이라고만 생각할 필요는 없다. 그 정도의 돈을 써도 잘 되지 않는 일이라면, 애초에 쉽지 않은 일이라고 생각해야 한다. 어차피 나라가 개인의 인생을 구제할 수는 없는 노릇이다. 그보다는 작은 일터라도 '내 스스로 하는 일자리 창출'이라고 여기고 정직하게 땀 흘리며 사람들과 어우러질 수 있는 삶을 보내야 한다. 사실 대기업이라고 해서 완전한 미래가 보장된 것도 아니고, 아무리 공무원 시험을 열심히 준비해도 합격하는 사람은 극소수이다. 한국에서 공무원 되기가 얼마나 힘들면 하버드 대학에 들어갈 확률보다 낮다고 하겠는가.

나의 삶을 되돌아봐도 모든 기회는 '현장'에서 생겼다. 내가 지금 건축업을 할 줄은 과거에는 상상도 하지 못했다. 그러나 하루하루 일을 하다 보니 기회의 문이 조금씩 열렸고 나를 도와주는 사람들도 생기기 시작했다. 일은 마치 하나의 생명체와 같다. 때로는 원하지도 않았던 일이 내 삶을 바꾸는 새로운 기회로 다가오고, 거기서 생각지도 못한 인연이 피어나기도 한다.

이제 남의 시선을 의식하며 좋은 일자리를 만들어내지 못하는 나라를 탓하기보다, 다이내믹한 일의 세계로 뛰어들어보지 않겠는가. 그 안에서 일을 하다 보면 그 누구에게도 예외 없이 기회가 생기게 될 것이다.

'결과론적 이야기' 대신,
내가 만드는 성공

내가 사업이라는 것을 시작한지도 거의 30년이 넘어간다. 사업가라면 누구나 고생담이 한 보따리씩은 되겠지만, 내가 말하고자 하는 것은 사업이라는 것이 참 '결과론적 이야기'라는 점이다. 역경을 뚫고 끝내 뭔가를 이뤄내면 "혜안이 있었다"거나 "대단한 도전정신"이라고 말하지만, 실패하면 "그러게, 무모하더라니", "애초에 하면 안 될 일이었어"라고 말한다. 중간 과정의 의미는 삭제되고 오로지 결과만이 모든 것을 말해준다는 점이다. 이는 청년들의 삶의 행보에도 비슷하게 적용된다. 결과를 예측할 수 없어, 어떤 일을 시도하려 해도 '이걸 해야 돼? 말아야 돼?'라는 불안과 흔들림이 따르기 때문이다.

'미친 짓' 소리 들으며 개척한 시장

내가 호주에서 건축업만 했던 것은 아니다. 이전에도 무역업을 해보기 위해 사방으로 뛰어다닌 적이 있다. 그중 하나의 아이템이 바로 김치냉장고였다. 내가 다닌 만도는 우리나라에서도 초창기에 김치냉장고를 만든 선두 업체 중 하나였다. 그러니 누구보다 김치냉장고를 많이 접해봤다. 호주에서도 무역을 생각하다가 자연스레 김치냉장고가 떠올랐다. 주변 사람들에게 김치냉장고를 수입해 팔면 어떨 것 같냐고 물어보니 되돌아온 말은 한결같이 "미친 짓"이라는 것이었다. 호주인들은 김치 자체를 모르기 때문에 '김치만 따로 보관하는 전용 냉장고'라는 개념을 이해하지 못했다. 호주에 있는 한국인을 대상으로 팔아볼 수도 있지만, 일단 수요 자체가 매우 적고 아무리 한국인들이 김치를 좋아한다고 한들, 김치냉장고라는 이름을 들어본 사람도 거의 없을 때였다.

하지만 나는 생각이 달랐다. 일단 김치에 대해 잘 모르는 호주인들은 제쳐두더라도 한국인, 일본인, 중국인들에게는 특정한 수요가 있을 것이라고 봤다. 일본인들은 '낫또'라는 발효 음식을 먹기 때문에 숙성에 대한 인식이 있었다. 중국 음식에도 발효 식품이 많기 때문에 이를 최적화할 수 있는 김치냉장고에 대한 설명을 비교적 쉽게 할 수 있었다. 거기다 한국인 주부들과 네트워크가 조금씩 연결되면서 입소문이 퍼져나가기 시작했다. 그렇게 해서 김치냉장고를 들여와 판매한 것이 무려 3,500대에 달했다. '미친 짓'이라는 소리를 들으며 시작한 데 비하면 상당한 성과가 아닐 수 없었다. 나도 놀라고, 내 주변 사람들도 놀랐다. 그러나 이 이야기 역시 결과론적으로 성공담이 된 것이지, 만약 이런 성과를 만들어 내지 못했다면 물거품처럼 사라질 헛된 시도에 불과했을 것이다.

처음 내가 '주정 트레이딩 사업'에 뛰어들 때도 상황은 비슷했다. 주정이란 소주의 원료인 식용 에탄올을 의미하는 것으로, 한국에서는 대부분 수입으로 소주 회사에 공급됐다. 그런데 당시만 해도 주정은 국가의 관리품목이라서 수입 원가나 판매가격이 이미 정해져 있었다. 따라서 주정 생산 업체들은 굳이 단가를 줄이려 노력할 필요 없이, 협회를 중심으로 강력한 카르텔을 형성하고 있었다. 소주 제조 회사들 역시 직수입할 필요가 없었다. 가만히 있어도 국가가 모든 것을 해주었기 때문이다. 그런데 WTO와의 합의로 인해 수입 관세를 단계적으로 줄여나가야 하는 상황에 처했다. 나는 이러한 틈새를 뚫고 주정 트레이드 사업에 뛰어들려 했다. 이것도 사실 엄청나게 무모한 일이었다. 소규모 무역 사업을 하던 내가 프로들의 트레이딩 사업에 뛰어드는 것은 불가능에 가까웠다. 비유하자면, 바다에서 조그만 배를 타고 물고기를 잡아 판매하던 사람이 갑자기 선박회사들의 수주 경쟁에 브로커로 뛰어드는 격이라고 할까. 주정 트레이드 회사 운영에 대한 실질적인 경험도 없이 '수입 관세를 낮춰야 하는 상황'이라는 틈새만 보고 감행한 위험한 사업이었다.

견고한 카르텔을 이기다

무엇보다 큰 위험성은 기존의 견고한 카르텔을 형성해온 기업들이 새로운 트레이더의 등장을 가만히 보고만 있을 리 없었다는 점이다. 나는 에이테크A-Tec라는 미국 회사와 손잡고 브라질산 주정을 파격적인 조건과 가격으로 한국시장에 공급하려 했다. 하지만 기존 에이전트들의 방해로 진행이 쉽지 않았다. 심지어 한국에서 수입하는 업체 역시 공급 안전성과 경험의 부족을 들어 직수입하는 것을 반대했다. 참으로 이해하기 힘든 일이었다. 예를 들어 내가 주정을 늘 100원에 사고 있는데, 누군가 80원에 준다고 해도 그것을 거부하는 꼴이었기 때문이다. 그들만의 카르텔이 그만큼 견고했던 셈이다. 그렇게 1년의 시간을 허비하고 필리핀에 진출하려 하자 그간 시장을 독점하고 있던 일본 트레이더들이 방해를 하기 시작했다. 하지만 그 모든 어려운 과정을 극복하며 성공적으로 활약하기 시작했다. 매 순간 업체들을 설득하고 또 설득했으며, 하루하루가 장애물에 부딪히는 나날이었다. 그러나 평소 내 신념처럼 '그럼에도 불구하고' 노력한 결과, 성공적으로 주정 시장에 진입할 수 있었다. 종국에는 주변 트레이더들이 "이제 임정호의 예측을 믿어야 한다"는 농담까지 했을 정도다.

이 모든 것은 포기하지 않고 끈질기게 도전한 결과였지만, 이 역시 앞에서 언급한 결과론적인 이야기일 뿐이다. 중요한 것은 계속해서 '방법'을 찾아 나가야 한다는 점이다. 호주에서 처음으로 김치냉장고를 팔 수 있었던 것, 견고하고 폐쇄적인 트레이더 시장에 진출할 수 있었던 것도 모두 나름의 방법을 생각했기 때문이다. 활용 가능한 방법이 있음에도 불구하고 포기하는 것은 너무 무기력하고, 방법을 생각하지 않고 계속 몰아붙이기만 하는 것도 무모한 일이다. 포기하고 싶은 순간과 무리하게 계속 추진해나가는 양극 사이에 반드시 '다른 방법'을 찾는 전략적 고민이 있어야 한다.

긴 호흡으로 나만의 방법 찾기

사업을 하시는 다른 분들과 이런저런 이야기를 나누던 중, 어떤 분이 "나는 똥으로 된장을 만들 수 있다고 생각한다"고 말했다. 도대체 무슨 말인가 했더니, 그분은 남들이 아무리 불가능하다고 말해도 머리를 쓰면서 하다 보면 분명히 새로운 방법을 찾을 수 있고, 그것을 실현하기 위해 애쓰다 보면 뭔가가 이루어지더라고 설명했다. 그 말을 듣고 보니, 어쩌면 나 역시 이런 식으로 사업을 해왔을 것이라는 생각이 들었다. 처음 시장을 개척할 때도, 새로운 시장에 진입할 때에도 나는 늘 '방법'을 고민했다. 그리고 그것이 정말로 이뤄질 수 있다는 믿음을 갖고 하다 보니 실제로 성과가 만들어지는 과정이었다.

젊을 때 누구나 성공을 원하고 희망찬 미래를 꿈꾼다. 그런데 막상 살아보면 그 성공과 꿈이 이뤄지는 시간은 매우 더디고 느리다. 그러다가 어느 순간, 자신의 꿈이 실현되고 있는지도 몰랐는데 어떤 결과물이 떡 하니 나와 있고, 의식하지 못한 사이 성공이 내 곁에 찾아와 있는 것을 알 수 있다. 포기를 떠올리는 것 자체가 마음이 너무 급한 상태를 보여주는 방증인지도 모른다. 당장 눈에 보이는 성과가 없다 보니 포기를 떠올리는 것일 수 있기 때문이다. 그래서 나는 무엇보다 긴 호흡을 유지하라고 말하고 싶다. 조금은 여유롭고 자유롭게 계속 방법을 찾아가며 성실하게 일하다 보면 어느덧 자신이 바라던 것들이 현실 속에서 그 모습을 드러내리라 믿는다.

'안전빵'과 걱정 사이

과거 빌 게이츠가 마이크로소프트를 실질적으로 운영할 때, 그가 쓴 메모가 언론에 유출된 적이 있다. 메모에는 앞으로 회사에 생길지 모를 부정적인 일들이 잔뜩 적혀 있었다고 한다. 그 여파로 마이크로소프트 주가가 잠시 떨어지기도 했다는 것이다. 투자자 입장에서는 빌 게이츠의 걱정이 현실화되어 실적이 떨어지고 주가가 폭락할 것을 염려하는 것이 당연하다. 하지만 당시 빌 게이츠의 걱정이나 리스크는 현실로 이어지지 않았고 주가도 곧 회복됐다고 한다. 세계 최고의 기업과 부를 거머쥔 빌 게이츠도 그토록 많은 고민을 한다는데, 그에 비하면 평범한 나의 걱정거리는 한

줌에 지나지 않는다는 위안을 얻기도 했다.

건축이라는 일의 특성상 가장 중요한 것 중 하나는 바로 안전이다. 아무리 개성 넘치는 건축물을 만든다고 해도 안전성이 떨어져 사고라도 나면 경력에 큰 타격을 입게 된다. 따라서 설계 단계부터 위험 요소를 적극적으로 정의하고 그것을 제거하려는 노력을 기울여야 한다. 또 그렇게 해야만 건축물을 다 지은 후에도 '혹시나' 하는 불안한 마음을 갖지 않을 수 있다. 직업의 특성이 이렇다 보니 어느 순간 내가 '걱정쟁이'가 된 것은 아닌지 돌아보게 됐다. 물론 매우 합당한 걱정이기는 하지만, 삶에서 여러 걱정을 대하는 태도도 매우 중요하다는 생각이 들었다.

나도 모르게 밀려드는 걱정

적지 않은 현대인들이 '램프lamp 증후군'에 시달린다고 한다. 마치 알라딘이 언제든 요술램프를 문질러 지니를 불러내듯, 수시로 걱정을 불러내 스스로를 불안하게 만든다는 이야기다. 자연재해나 자동차 사고, 묻지마 폭행 등에 대한 걱정을 하는 사람도 있고 심지어는 인류 멸망을 걱정해 전 세계 사람들을 위해 기도한다는 경우도 있다. 물론 걱정이란 분명 일어날 수 있는 일에 대한 염려라는 점에서 합리적인 면도 있다. 나 역시 램프 증후군까지는 아니어도 많은 걱정을 안고 살아왔다. 다른 평범한 사람들보다 더 불안한 인생을 살아왔기도 하지만, 사업을 하다 보니 걱정이 두 배가 되기도 한다. 걱정은 때로 자신이 감당하기 힘들 정도로 부풀려지기도 한다. 아무리 긍정적인 사고를 하려 해도 나도 모르는 사이 걱정에 휩싸여 불안에 휘둘리곤 한다. 정도의 차이만 있을 뿐이지 누구나 걱정을 하고 그에 맞는 모색을 하게 마련이다.

나는 한국의 청년도 걱정의 수위가 꽤 높다고 생각한다. 상당한 수의 청년들이 고시공부에 매달리는 것도 이런 이유 때문일 것이다. 정치, 경제, 사회적인 면에서 변화가 심하고 언제 어떻게 될지 모르니, 그나마 제일 안전해 보이는 직업을 찾으려는 노력도 충분히 이해는 간다.

하지만 정말 공무원이 되면 삶이 안전하게만 흘러갈까? 오히려 불안과 두려움에 시달리면서 길러진 내면의 힘이야말로 진정으로 '인생의 안전빵'을 보장하는 길이라고 생각한다.

진짜 안전빵을 원한다면

내가 겪은 숱한 걱정을 통해 나름대로 내린 결론은 '행동과 실천이 걱정을 극복한다'는 점이다. 걱정이라는 것은 기본적으로 머리 속에서 펼쳐지는 상상의 산물이다. 과거 현실에서 일어난 이러저러한 사건의 조합이 '혹시 나에게도 일어난다면?'이라는 생각과 연결되면서 걱정이 깊어지는 것이다.

그러나 내가 걱정하는 분야에서 그것을 예방하거나 안전해지기 위한 여러 조치들을 실천한다면 걱정의 상당 부분이 줄어들고, 걱정하고 있을 시간에 또 다른 행동을 준비할 수가 있다. 중요한 것은 현실의 벽에 부딪혀 꺾이더라도 다시 도전할 수 있는 힘이다. 내 경우만 해도 남들이 다 가는 비교적 안전한 나라인 미국이나 영국 같은 곳에서 해외 생활을 시작하지 않았다. 낯설고 치안도 불안한 조그만 나라, 파푸아뉴기니에서 일생일대의 희망을 본 것이다. 우범지역이나 위험지역은 피해야겠지만, 직접 겪어보면 우리가 들어 익히 알고 있는 정보의 많은 부분이 선입견이나 기우에 불과할 때가 많았다.

그래서 나는 안정된 길만 찾아다니기보다 오히려 과감하게 행동하고 실천하는 과정에서 걱정을 줄이는 것이 좀 더 현명하다고 믿는다. 정년이 보장돼 있는 공무원이라 하더라도 시험에 합격한 후 5년 이내에 퇴직하는 사람이 매년 5~6,000명이 넘는다. 안전의 가치만 우선시하고 직업에 접근했을 때 생기는 괴리감으로 인해 더 이상 견디지 못한다는 이야기다. 심지어 그만두는 공무원을 보고 부러워하는 동료 공무원도 있을 정도라고 하니, 공무원이 마냥 좋은 직업만은 아닌 듯하다. 사람은 안전에 대한 끊임없는 욕구가 있지만, 정작 안전한 생활이 계속되면 호기심이 사라지고 지루함을 느끼며 동기를 상실한다. 지나친 걱정도 우리를 힘들게 하지만, 마찬가지로 똑같이 반복되는 일상의 무료함도 우리를 힘들게 할 것이다.

정말로 우리가 추구해야 할 안전은 끊임없는 불안의 요소가 있음에도 내면이 약해지지 않고 자신을 굳게 지키는 심지가 아닐까 생각한다. 어차피 삶에서 걱정거리가 완전히 사라지는 것은 죽음 이후에나 가능하다. 그렇다면 힘든 상황이 닥칠 것을 염려하지 말고, 그 걱정도 충분히 이겨나갈 수 있도록 자신을 닦아가는 것이 더욱 현명한 일이라고 본다. 밀려드는 걱정에도 흔들리지 않고 서 있는 자신이야말로 인생에서 가장 자랑스러운 모습일 것이다.

땀 흘리는 것이
축복입니다

'불한당'이라는 말은 폭력배나 불량배 같은 사람들을 의미한다. 그런데 이 한자의 의미가 재미있다. 불한당不汗黨은 '땀을 흘리지 않는 사람의 무리'를 일컫는다. 본래의 의미로 따져보면, 땀을 흘리지 않는 사람이 폭력배이고 불량배라는 뜻이 된다. 땀 흘려 일하지 않는 자체가 비도덕적이라는 말이다.

그러나 요즘에는 꼭 이런 기준으로만 볼 수 없다. 세상이 점점 발전하면서 단순한 일은 기계가 대체하기 시작했고, 앞으로도 더욱 그럴 것이기 때문이다. 거기다 세계 어딜 가도 땀 흘려 일하는 것을 별로 좋아하지 않는다. 기성세대는 "요즘

젊은이들이 힘든 일, 땀 흘리는 일은 하려 들지 않아!"라고 말한다. 그런데 호주도 똑같다. "국가에서 실업수당을 주는데, 어떤 청년이 시골 농장에서 힘든 일을 하려 하겠어?"라고 말한다.

일은 결국 돈을 벌기 위한 것인데, 땀을 흘리지 않을 수 있다면 안 흘리는 것이 효율적이라고 여길 수도 있다. 그러나 궁극적으로 '땀을 흘린다'는 의미는 돈과 관련된 이야기만이 아니다. 오히려 근본적인 행복에 다가가는 비밀과 관련이 있다고 본다. 그것은 바로 스스로 '살아있음'을 느낀다는 것, 그리고 매일 성장해 가는 자신의 모습을 보며 즐거움을 느끼는 일이다. 땀 흘린다고 해서 힘들게 장시간 일을 하라는 의미는 아니다. 돈이 목적이 아닌 성장과 발전이 목표가 될 때, 삶이 가지고 있는 더 큰 의미와 가치에 다가갈 수 있기 때문이다.

무기력했던 그의 인생

나도 젊을 때는 너무 고달픈 나머지 '도대체 난 왜 이렇게 힘들게 돈을 벌어야 하나'라는 생각을 참 많이 했다. 그래도 그 상황을 견뎌 나갔지만, 내 동생은 달랐다. 동생과 나는 어릴 때 부모 곁을 떠나 잠시 할아버지와 산 뒤에 독립을 했다. 그때 우리가 살던 곳은 청량리 인근이었다. 당시만 해도 청량리 인근은 환경이 매우 열악했다. 그러다가 동생은 어느 순간 주먹 세계에 빠져들었다. 쉽게 돈을 버는 맛도 알았다. 많이 버는 날이면 하루에 몇 백만 원을 손에 쥐기도 했다. 요즘 돈으로 하루에 1,000만 원을 벌었다고 봐도 크게 틀리지 않을 것이다. 가난의 설움에서 순식간에 벗어날 수 있었으니 그나마 행복감을 느꼈던 것 같다. 동생은 계속 그 일에 깊이 빠져들었고 어느 새 '중간 보스'까지 올라 조직을 굴렸던 것 같다. 그러다 보니 더 많은 돈이 필요했고, 그만큼 더 불법적인 일들을 저질렀다. 결국 경찰서를 들락거리고 한동안 교도소에 수감되기도 했다.

그 사이 나는 취직을 하고 파푸아뉴기니로 갔다. 가끔 한국에 나와 동생을 만나면 돈을 벌어도 힘든 기색이 역력했다. 동생의 그런 모습을 보고 있기만 할 수 없어서 파푸아뉴기니로 불러들여 함께 일하기도 했다. 보스 기질이 있어 현지인들이 동생을 잘 따랐고, 단순해도 정이 많은 편이라 주변과의 관계도 원만했다. 그러나 그런 생활이 오래가지는 못했다. 주먹으로 한꺼번에 많은 돈을 벌어온 경험이 있다 보니, 착실하게 땀 흘리며 일하는 삶에 만족하지 못한 것이다. 동생은 그렇게 한국으로 돌아가고 수년 뒤 알코올 중독 중환자실을 전전하다 결국 세상을 떠났다. 동생의 임종을 지키다 마침내 떠나보내는 순간, 눈앞에 동생의 지나온 얼굴이 쏜살같이 스쳐지나갔다. 초등학교 시절부터, 중학생, 고등학생까지 함께 해왔던 시간들, 폭력배 시절의 살기 어린 눈빛과 파푸아뉴기니에 와서 그나마 건실하게 살아보겠다고 애쓰던 모습까지….

어머니에게 이야기를 들어보니 동생은 파푸아뉴기니에서 한국으로 돌아온 후 무기력하고 의욕 없는 삶을 살아가는 알코올 중독자가 됐다고 한다. 젊은 시절 쉽게 큰 돈을 벌던 그 기억을 잊지 못하고 자신의 신세를 한탄하며 삶의 마지막 나날을 흘려보냈다는 것이다.

정말 중요한 건 '살아있음'

내 주변에는 동생과는 정반대의 삶을 살아가는 사람도 있다. 성공한 호주인 친구는 남부럽지 않은 삶을 살아간다. 빚도 없이 좋은 집에 살고 무엇 하나 부족한 게 없는 듯했다. 가정도 화목해 보였다. 하지만 삶을 편안하게 즐기는 미소는 좀처럼 보이지 않았다. 그는 가끔 "공허하다"는 말을 하곤 했다. 그가 이룬 성공이 부럽기는 했지만, 생기 없는 표정과 삶까지 부럽지는 않았다.

내 동생은 범죄에 물들어 실패한 삶을 살았고, 어떤 사람은 돈이 많아도 공허한 삶을 산다. 이 두 가지 극단적인 모습을 보며, 나는 돈의 의미를 다시 생각해보기 시작했다. 나 역시 다른 사람과 마찬가지로 돈이 많으면 좋다고 생각하고, 빨리 많이 벌려고 노력했다. 그러면 행복이 따라오고 인생을 여유롭게 즐길 수 있을 거라고 여겼기 때문이다. 그러나 내 동생과 호주인 친구의 얼굴을 통해 결코 돈이 삶의 충만함과 행복을 가져다주지는 않는다고 결론 내렸다. 삶에서 제일 중요한 것은 내가 어제보다 오늘 더 성장하고, 그 살아있음에 대해 기쁨과 감사를 느끼는 것이다. 돈은 그러한 사실을 일깨워주는 하나의 지표일 뿐이다.

매년 저축하는 금액이 늘어나면 그 늘어난 돈 때문에 즐거움을 느끼는 것이 아니라 '그래, 내가 작년보다 더 열심히 살았던 것 같아'라는 만족감 때문에 즐겁다. 누가 나에게 큰 금액의 공사를 맡기면, 그 액수 때문이 아니라 그만큼 내가 믿을 만한 사람으로 인정받았다는 사실이 행복하다. 성공해서 커다란 부를 얻었지만 삶이 공허한 것은, 돈을 '소유'의 잣대로만 바라보기 때문이다. 그런 인식으로는 돈을 아무리 많이 벌어도 상대적으로 부족함을 느끼며 누릴 줄 모른다. 또 돈을 잃으면 한순간에 인생의 방향을 모두 잃고 신세 한탄만 하게 된다. 돈을 버는 데만 집중할 것이 아니라 그 돈이 가리키는 나의 성장과 발전, 나에 대한 주변의 신뢰, 그리고 그 돈이 열어줄 수 있는 새로운 기회와 가능성에 더 주목해야 한다.

'젊을 때 땀 흘려 열심히 일해야 한다'는 말은 뻔한 조언에 그치지 않는다. 밑바닥부터 성장하고 발전하는 느낌을 몸소 체험해보라는 의미이다. 이런 경험을 하고 나면, 돈에 의해 삶의 행복이 좌지우지되고 돈 때문에 나락으로 떨어지는 것을 막을 수 있다.

'차이'가
기회를 만든다

'기회의 땅'이라는 말이 있다. 특히 외국에서의 삶을 계획하고 있다면 기회의 땅이라는 말에서 벌써 새로운 희망을 엿볼 수 있을 것이다. 하지만 그곳에 간다고 해서 기회가 순번대로 돌아오는 것은 아니다. 막연하게 '열심히 노력하면 기회가 오겠지'라고 생각할 수도 있지만, 그것 역시 해외에서의 삶을 개척하는 올바른 태도는 아니다. '왜 외국이 기회의 땅이 될 수 있는가?'라는 질문에 정확하게 대답할 수 있어야 한다. 그래야 그곳에서 기회와 가능성을 알아보는 안목을 기를 수 있고, 기회가 왔을 때 제대로 거머쥘 수 있기 때문이다.

틈새를 파고드는 차이

기회라는 것은 '내가 뻗어나갈 수 있는 또 다른 여지'이다. 전후좌우 둘러봐도 도저히 변화의 기미가 보이지 않는 답답한 상황에서 새로운 여지가 생기면 우리는 그것을 '기회'라고 부른다. 다른 공간에서 변화와 발전을 꾀해볼 수 있기 때문이다. 그러면 기회는 어디에서 어떤 과정을 통해 얻을 수 있을까? 이것을 잘 이해하면, 새로운 기회가 있는 곳으로 찾아가 더 나은 변화를 모색할 수 있다.

나는 이를 '차이'에서 찾는다. 문화, 제도, 기술의 차이가 있는 곳에 새로운 기회가 있다는 이야기다. 내가 처음 해외 근무를 지원하고 파푸아뉴기니에 갔을 때, 우리나라와는 50년 이상 차이가 난다는 생각을 했다. 심지어 화폐의 가치조차 인식하지 못하는 사람도 많았다. 주민등록 제도 안에 들어오지 않은 사람도 숱했다. 기술적인 면에서도 우리나라와 격차가 컸다. 동남아시아의 여러 국가가 우리나라와 대략 20~30년의 차이가 있다고 하는데, 바로 이 차이가 새로운 기회를 만들어내는 틈새이다.

파푸아뉴기니에서 생활할 때 타피오카가 미래 바이오 에

너지 원료가 될 커다란 가능성을 엿보았지만, 정작 현지인들
—심지어 공무원들조차—은 타피오카가 그렇게 쓰일 수 있으
리라고는 상상도 못하고 있었다. 그래서 파푸아뉴기니투자진
흥청에 타피오카를 활용한 사업을 제안하자 그들은 매우 의
아해하며 "도대체 이런 흔한 작물이 어떻게 산업이 된다는 거
죠?"라고 물어왔다.

　나는 "당신의 나라가 세계 최고의 타피오카 왕국이 될 것"
이라는 말로 그들을 설득했다. 내 이익만을 위한 얄팍한 꼼
수가 아니었다. 나의 비전을 나누면서 그들과 함께 성장하고
싶은 간절한 마음이었다.

　이렇게 시작된 것이 여의도 면적의 26배에 달하는 땅을 무
려 99년간이나 임대해 타피오카를 재배하는 계약이었다. 40
년간은 무상 임대이고 15년 동안은 관세와 법인세까지 면제받
는 조건이었다. 이 사업은 파푸아뉴기니 정부로서도 유례가 없
는 대형 국책 사업이었다. 그런 만큼 그들에게도 나에게도 '기
념비적인 사건'이라 불러도 무방할 정도의 계약이었다. 이 프
로젝트를 이끌어낸 나 스스가 대견하고 자부심이 일었다.

　그런데 이 모든 일은 차이를 알아보는 데서 시작된 것이다.
나는 알고 있지만 그들은 모르는 것, 내 눈에만 보이던 비전이

한 나라의 정부를 움직이는 거대한 국책 사업으로 이어지는 결
실을 맺은 것은 틈새를 찾아내는 안목에서 비롯된 것이다.

생각의 앵글을 바꿀 때

이렇게 차이가 만드는 새로운 기회의 예로 '원조 시장
Official Developing Asist'을 들 수 있다. 우리나라는 이미 많은
발전을 이룬 나라이기 때문에 더는 외국의 원조가 필요 없
다. 그래서 우리나라 안에만 있다 보면 이 원조 시장이 잘 보
이지 않는다. 그러나 여전히 가난한 나라들에서는 많은 원조
가 필요하며, 선진국이 이들을 원조하는 과정에서 특별한 시
장이 생기게 된다. 그 규모도 대단하다. 원조 시장의 대상이
되는 전 세계인은 40억 인구이며 그 시장은 220조 원 수준이
다. 외교부와 기획재정부, 한국국제협력단(코이카) 등 관련 기
관이 있고 수출입은행도 관련돼 있다. 나 또한 파푸아뉴기니
와 일부 동남아 국가에 이 시장을 연결해준 경험이 있어 이런
시장이 가능성 있다는 것을 알고 있다.

물론 이런 원조 시장은 토목기술, 건축기술 등이 활용되

는 대규모 프로젝트라서 개인이 참여할 수는 없지만, 자신의 진로 분야를 이런 쪽으로 잡아보면 좋을 것이다. 원조 시장에 활발하게 참여하는 회사에 입사해 해당 국가로의 파견을 지원하고 새로운 발전의 여지도 만들 수 있기 때문이다. 이곳에서 충분히 역량을 키운 후 창업을 해서 현지에서 한국 기업들과 파트너십을 만들어 일할 수도 있다. 원조 시장 역시 기술적 차이, 시대적 차이가 만들어 낸 또 하나의 여지이자 틈새이며 바로 우리가 '기회'라고 부르는 것들이다. 원조 시장에는 꼭 기술적 차이만 통하는 것이 아니다. 문화적인 차이도 분명 사업화할 수 있다. K-팝도 결국 문화의 차이가 만들어 낸 거대한 시장인 셈이다.

중요한 것은 이러한 차이가 기회를 만든다는 사실을 아느냐, 모르느냐 하는 점이다. 이것은 '생각의 앵글'을 바꾸는 일이라고 생각한다. 같은 생각도 살짝 앵글만 바꿔주면 전혀 다른 것이 보인다. '아, 그런 차이가 있군'에서 끝나면 아무것도 아니지만, '그런 차이를 활용해 내가 뭘 할 수 있을까?'를 생각해보자. 이런 시도와 노력이 새로운 기회의 문을 여는 열쇠가 될 것이다.

'그냥 여행'이나
가지 마세요

대부분의 사람은 새로움에 대한 갈급함을 가지고 있다. 이제껏 접해보지 못한 새로운 자극이 더 나은 환경과 상황을 만들어 줄 것으로 기대하기 때문이다. 이는 기본적으로 자기 성장을 목표로 하는 모든 인간의 공통된 본성이라고 생각한다. 청년들은 더 그렇다. 사회생활의 출발점에 서 있는 그들에게는 또 다른 터닝 포인트, 새로운 힌트, 발상의 전환이 필요하다.

그런데 여기서 한 가지 의문이 든다. 늘 비슷한 공간을 오가고, 늘 알던 사람을 만나면서 그런 새로움을 경험할 수 있을까? 새로운 자극을 원한다면 그것을 제공할 수 있는 공간과 사람이 있는 곳으로 가야 한다. 낯선 곳에서 경험하는 오감의 변화, 혁신적인 발상, 자신에 대한 근원적인 성찰에서 진짜 새로운 변화가 시작된다고 믿는다. 그리고 그것은 바로 '목적이 있는 여행'에서 시작된다. 지금은 해외에 가보기는 힘든 상태이지만, 국내에서도 얼마든지 이런 여행이 가능하다.

여행에 관심과 취향을 더하다

여행의 목적은 대체로 관광이나 휴식이다. 예전에는 유적지를 돌아보고 시티 투어를 하는 사람들이 많았다고 하는데, 요즘은 휴식이 더 큰 이유라고 한다. 물론 힘들게 일상을 견뎌 왔으니 며칠 정도는 아무 생각 없이 편하게 쉬는 것도 큰 의미가 있다. 그런데 나는 젊은 사람들을 만나면 늘 목적이 있는 여행을 해보라고 권한다. 여행에 목적이 있으면 그곳에서 경험하고 그 경험으로부터 깨달음을 얻는 결과치가 확연히 달라진다. 그리고 그 목적이 자신의 관심사, 취향과 연결이 되면 좋다. 요리에 관심이 있다면, '이번에는 베트남 요리의 소스만 집중 탐구해 보겠어!'라고 목표를 정할 수 있다. 이제는 꼭 해외에 가지 않더라도 국내에서 이런 목적을 충분히 달성할 수 있다. 패션에 관심이 있다면 젊은이들이 많은 공원에서 그들이 어떤 컬러를 선호하고 어떤 풍의 옷을 입고 있는지를 관찰하고 조사해볼 수도 있다. 물론 자신이 원하는 특정한 사업 아이템을 찾기 위한 여행을 갈 수도 있다. 하지만 목적이 있는 여행이란, 꼭 그렇게 경제적 가성비로만 연결되는 여행은 아니다.

일상에서 찾지 못한 또 다른 나를 발견하고, 나에게 더 집중해 보는 여행이다. 이런 식의 여행은 '그냥 여행이나 가볼까?'라는 생각으로 떠난 여행과는 큰 차이가 있다. '여행에서 남는 건 사진밖에 없다'는 말은 진리가 아니라, 그 여행으로부터 스스로 체득한 경험과 교훈이 없기 때문에 나온 자기 위로에 불과하다. 반대로 소중한 체험과 나름의 결론을 품고 일상으로 돌아온다면, 그 여행은 사진이 없어도 훨씬 더 의미가 있다. 실제로 내가 아는 한 사람은 여행 가서 사진을 찍지 않는다. 사진을 찍는 것에 온통 정신을 팔기보다 여행의 감성을 온전히 마음에 담고 싶기 때문이라고 한다.

목적을 가지는 것은 짧은 여행에서도 가능하다. 한국에서는 '한 달 살기'가 유행이라고 들었다. 그 기간에 목적을 정하고 자신의 미래를 찾는 여행이라면 그것으로 충분한다. 여행은 단선적인 삶의 패턴을 중간중간 끊어내고 새로운 경험, 의미, 가치를 내 인생 곳곳에 스며들게 한다. 새로운 영양을 공급받은 일상은 그때야 비로소 새로운 것, 남들에게는 없는 힌트를 발견할 수 있다.

내가 주인공이 되는 여행

목적이 있는 여행이 가치를 발하는 것은 '나'라는 존재에 대해 새롭게 파악할 수 있기 때문이다. 사실 나의 존재는 사회 관계망 안에서 정의되는 경우가 대부분이다. 그러니까 내가 속한 공동체, 가족, 의미 있는 관계 속에서 비로소 '나'가 정의된다. '아들로서의 나', '직원으로서의 나'라는 개념이 성립되고 비로소 정체성으로 연결된다. 그런데 여행에서만큼은 이러한 사회적 관계망에서 일시적이나마 완전히 해방된다. 혼자 길거리를 걷거나 식당에서 밥을 먹을 때, '온전한 나'가 되면서 자신을 되돌아볼 기회를 훨씬 많이 가지게 된다. 나의 느낌과 생각이 혼란한 외부에 의해 흐려지지 않고 온전히 나에게로 향한다. 이렇게 나를 바라보게 되면 그간의 바쁜 생활, 다른 관계망 속에 가려진 나를 알게 되고, 내가 무엇을 원하는지를 알아차릴 수 있게 된다.

마지막으로 목적이 있는 여행은 곧 '나를 주인공으로 세우는 여행'이기도 하다. 이제까지 많은 여행을 다녔겠지만, 그 주인공은 내가 아니었다. 좋은 숙소, 맛있는 음식, 멋진 풍경이 주인공이었다. 실제로 여행을 준비할 때 어떤 호텔이 가성비가 있는지, 어떤 음식을 먹어야 할지에 많은 시간을 들여 정보를 찾는다. 반면 이 여행의 목적이 무엇인지, 나는 어떤 경험을 할 것인지는 생각하지 않는다. 물론 그런 조건의 여행도 만족스럽고 편하게 쉴 수 있지만, 나라는 존재는 호텔과 음식과 유적지에 가려진 조연에 불과하다. 온전히 내가 중심이자 주인공이 되지 않으면, 그 여행은 사진 말고는 아무것도 남지 않는 의미 없는 소비에 불과할 수도 있다.

목적이 있는 여행은 자신의 꿈을 향해 조금씩 기지개를 펴는 것이라 생각한다. 비록 여행 기간이 짧아 날개를 펼치는 정도까지는 되지 못하겠지만, 여러 번 하다 보면 결국 조금씩 펄럭이는 날개로 변할 것이다.

눈치 보지 않는 나라,
호주

해외에 살아본 한국인들은 고국의 문화를 객관적으로 바라볼 수 있는 위치에 서게 된다. 의도하지 않아도 타국의 문화를 경험하면서 그 차이를 자연스럽게 체득하기 때문이다. 한국인이 보여주는 특이한 문화 중 하나가, 전 세계 어디서도 찾아볼 수 없는 '눈치 보기'라는 것이다. 한국에서 오래 생활한 외국인들조차 이 눈치 보기를 매우 신기하게 생각한다. 그렇다면 나는 세상에서 가장 눈치를 많이 보는 나라에 태어나 치열하게 직장생활을 하다가, 지금은 세상에서 가장 눈치를 보지 않는 나라인 호주에 살고 있는 셈이다. 그러다 보니 그 극명한 차이를 피부로 느끼곤 한다.

눈치 보기는 남과 '비교'를 하는 데서 비롯된다. 내 삶을 남과 비교하기 시작하면, 내가 정말로 원하는 것이 무엇인지 자신조차 제대로 알지 못한다. 이런 분위기에서는 개인의 선택을 있는 그대로 인정하고 존중하기 어렵다.

하우스 클리닝이 험한 일?

한국에서 낡고 오래된 차를 타고 다니면 사람들이 뭐라고 할까? 대놓고 말하지는 않아도 은근히 무시의 시선을 보낼 것이다. 반대로 최고급 외제차를 타면 부러움을 한 몸에 받는다. 그래서인지 청년들이 빚을 내서까지 외제차를 산다는 뉴스를 본 적이 있다. 하지만 호주에서는 이러한 비교가 통하지 않는다. 오히려 각자의 취향과 개성을 인정해 줄 뿐이다. 오래된 차라고 무시하지 않는 것처럼 비싼 최신 자동차라고 더 대우해 주는 법도 없다. 이 말은 곧 누군가를 평가하거나, 나 자신을 평가할 때 타인과 비교하지 않는다는 것을 의미한다. 내가 한 지인에게 들은 이야기는 타인과의 비교가 사람을 얼마나 피곤하게 하는지를 잘 알게 해준다.

A라는 여성은 한국에서 대학을 졸업한 뒤 호주의 유명 요리 학교를 졸업했다고 한다. 그리고 세계적인 호텔 체인에 들어가 요리사로 일하기 시작했다. 신입 요리사가 하는 일은 대개 설거지다. 그런데 그 일이 얼마나 힘드냐면 집에 돌아가면 바로 쓰러질 정도다. 그나마 그 일을 계속할 수 있었던 이유는 '와, 너 그 유명한 호텔에서 일하는구나'라는 주변의 부러운 눈빛 때문이라고 했다. 하지만 더 이상 피곤함을 견디지 못한 그녀는 요리사를 그만두고 하우스 클리닝 사업을 시작했다. 말 그대로 집을 청소해주는 서비스이다. 이 일을 하면서 그녀의 삶은 180도로 바뀌었다. 조수를 한 명 두고 일하기 때문에 육체적으로 덜 힘들고 수입도 요리사를 할 때보다 훨씬 괜찮아서 1년에 한 달은 마음 편히 쉬며 해외여행을 다닐 수 있을 정도였다. 딱히 정년이 있는 것도 아니고, 일하는 날을 스스로 선택할 수도 있다는 장점도 있다. 그러던 중 한국 친구를 만나 자신이 하는 일을 설명하자 친구는 당장 "너 파출부 하면서 사는 거야?"라고 묻더란다. 좋은 대학을 나와 왜 그런 일을 하냐며 안타까워하는 눈빛으로. 그 후로는 한국인을 만나면 자신의 직업에 대해 일절 말하지 않았다고 한다. 자신의 상황에 따라 선택한 최적의 일이자 만족감도 높은 '하우

스 클리닝 사업'이 한순간 하찮은 노동으로 폄훼됐기 때문이다. 이러한 사연은 한국인들이 직업에 얼마나 많은 편견을 가지고 있으며, 사람을 쉽게 평가하는지 잘 드러낸다. 하지만 호주에서 하우스 클리닝은 여성이 하기 좋은 사업 중 하나로 꼽는다. 무시하는 사람도 없고 돈도 많이 벌 수 있기 때문이다. 대체로 낮에 골프를 치러 다니는 사람들 중에 하우스 클리닝 일을 하는 사람들이 정말 많다.

직업에는 여러 종류가 있으며 한 사회가 잘 돌아가기 위해서는 각자가 맡은 일에서 제구실을 해야 한다. 이런 관점으로 직업을 다시 볼 필요가 있지 않을까.

개인의 선택을 존중하는 곳

호주에도 노숙자가 있다. 그런데 그들 중에 길바닥에 앉아 문학작품을 읽고 있는 사람도 보았다. 그렇다고 '노숙자가 무슨…'이라고 비웃는 사람이 있느냐 하면, 그렇지 않다. 노숙자도 남의 눈치 보지 않고 문학작품을 읽을 수 있는 사회가 바로 호주이다.

자녀를 키우기에도 더할 나위 없이 좋은 곳이다. 한국에서는 좋은 대학에 진학하기 위해 어릴 때부터 극심한 경쟁을 견뎌야 하고 대학에 가지 못하면 이른 나이부터 실패자로 낙인찍히지만, 호주에서는 대학에 가지 않는 것도 매우 일반적으로 받아들여진다. 가고 싶고 갈 필요가 있으면 가지만, 그렇지 않아도 상관없는 것이 바로 대학 진학이다. 부모들도 학업을 강요하고 부담을 주지 않는다. 아이가 좋아서 하는 일을 열심히 응원해 줄 뿐이다.

다만 호주 사회의 좋지 않은 면을 두고 '인종차별'을 꼽는 사람도 있다. 인종차별주의자는 전 세계 어디에나 있고 한국 사회도 예외는 아니다. 중요한 것은 인종을 대하는 국가의 태도이다. 코로나19가 불러온 팬데믹 상황에서 호주 정부는 임시 비자를 가진 사람에게도 예외 없이 모두에게 지원금을 주었다. 그리고 이러한 정부 정책을 비난하는 목소리는 거의 없다고 봐도 무방하다. 심지어 지원금이 너무 많아 일하는 것을 기피하는 경향까지 생겼을 정도이다. 그런 점에서 호주의 인종차별이 심하다는 것은 극히 일부의 이야기일 뿐, 사회 전반의 분위기나 국가 정책의 면면에서는 그런 모습을 찾아보기 힘들다.

경제적으로만 보면 이제 한국이 호주보다 더 잘 사는 나라가 됐다. 하지만 집안이 부유하다고 가족들 모두 행복한 것은 아니듯, 나라가 잘 산다고 구성원들이 다 잘 사는 것은 아니다. 중요한 것은 '개인의 선택을 존중하는 사회 분위기'라는 측면에서 호주가 좀 더 살기 좋을 것이라 여겨진다. 이런 분위기는 삶의 질에도 큰 영향을 미친다. 무엇을 하든 자유롭고 편하게 생각하고 행동할 수 있는 사회와 늘 주변 사람들의 눈을 의식해야 하는 사회를 견주어 볼 때, 어디에서의 삶의 질이 더 나을지는 자명하기 때문이다.

물론 이런 이유만으로 호주 이민을 권하지는 않는다. 다만, 한번쯤은 이런 사회 분위기를 직접 체험하고 느껴보는 것도 괜찮다고 본다. 미래의 주역으로 성장하고 있는 지금의 청년들이 남의 눈치를 보고 학벌이나 배경 등의 획일적인 잣대로 다른 사람을 판단하는 대신 개개인의 선택을 존중하는 문화를 만들어 나간다면, 한국도 분명 지금보다 훨씬 성숙하고 발전하는 나라가 될 수 있을 것이다.

새로운 미래를 여는 기회,
워킹홀리데이

'돈도 벌고 영어도 배운다'는 워킹홀리데이 제도는 한국 청년들에게도 매우 매력적인 프로그램으로 다가온다. 실제로 워킹홀리데이는 어학연수를 가고 싶지만 경제적 사정이 여의치 않은 사람에게 외국 문화를 체험하고 외국어를 효과적으로 배울 수 있는 기회를 제공한다. 거기다 호주는 한국 청년들이 가장 많이 찾는 나라이기도 하다. 캐나다, 뉴질랜드와는 다르게 인원 제한도 없고 모집도 상시적으로 하기 때문이다. 최저 임금이 꽤 높아 돈을 많이 벌 수 있고 비자 발급도 수월한 편이다. 나 역시 호주 생활을 하면서 다양한 경로로 워킹홀리데이를 온 한국 청년들을 만나곤 한다. 하지만 생각보다 장기적인 비전을 가지고 오는 학생들이 그리 많지 않다는 사실을 알게 됐고, 때로는 안타까운 마음도 들었다. 반면, 미래 계획을 꼼꼼하게 세우고 와서 호주에서 안정적이고 확실한 앞날을 꿈꾸는 젊은이들도 많이 있다.

장기 비전을 세워라

돈도 벌고 영어도 배운다는 워킹홀리데이의 목표는 꽤 그럴 듯해 보인다. 하지만 그만큼 허점이 많다는 사실도 알아야 한다. 우선 현지에서 생활하다 보면 돈은 벌지만 모으지 못하는 경우가 많고, 영어를 익히기는 해도 급이 낮거나 표현이 단순한 영어만 배우는 사람이 상당수이기 때문이다. 돈을 벌어도 모으지 못하는 이유는 '술 문화' 때문이다. 호주인들은 대체로 평일에는 술을 마시지 않고 주말에 펍에서 맥주를 마시는 정도다. 그런데 한국 청년들은 호주에 와서도 한국 특유의 회식 문화에 젖어 과음을 하는 경우가 적지 않다. 가족의 품에서 벗어났으니 좀 더 자유로운 분위기가 형성되고 또래끼리의 만남이 잦아 술을 많이 마신다. 숙소비를 아끼기 위해 한 집에서 여러 명의 한국인들이 모여 살다 보니 서로 친해지면서 이런 술자리를 더 많이 갖는 것 같다. 돈을 벌어도 모으지 못하는 이유가 이것이다.

급이 높은 영어를 배우지 못하는 것도 마찬가지다. 한국인들끼리만 모이다 보니 영어 자체를 배울 일이 그리 많지 않고, 언어 습득을 위해 여가 시간을 어떻게 활용할지 잘 모르는 경우가 태반이다. 결국 돈도 벌고 영어도 배운다는 가상한 목표를 가지고 호주에 왔다고 하더라도 실제로는 농장에서 일만 하다 오는 경우가 숱하다.

내가 아는 두 명의 사례는 장기적인 관점에서 호주에 정착해 탄탄하게 자신의 미래를 준비하는 경우다. 한 명은 호주에서 초등학교 선생님을 하다가 도저히 적성에 맞지 않아 그만두고 목수가 되려고 한 한국 청년이었다. 교사라면 상당히 안정적인 직업에 속함에도 불구하고 그는 적성에 도저히 맞지 않았다고 한다. 결국 선생님이라는 직업을 그만두었다. 호주에서 목수 자격증 따기가 쉽지는 않지만, 일단 자격증이 있으면 대기업에 다니는 수준으로 질 좋은 삶을 누릴 수 있다. 거기다 그 친구는 장래에 건축업까지 해볼 계획을 가지고 있었다. 그래서 기술학교에 가서 공부하고 경력도 쌓으면서 차근

차근 준비를 해가는 매우 훌륭한 케이스였다. 또 다른 한 명은 내가 경영하는 회사에서 일하고 있는 대만인 청년이다. 그도 처음에는 워킹홀리데이로 호주에 왔다가 우리 회사에 견습생으로 취업한 후 학생비자를 취업비자로 바꾸었다. 그 역시 목수 자격증을 따겠다는 장기적인 비전을 가지고 있었다.

로컬에서 살아남기

많은 한국 청년들이 워킹홀리데이를 통한 학생비자로만 호주에 머물 수 있다고 생각하지만 꼭 그런 것은 아니다. 우선은 학생비자로 호주에 들어올 수 있겠지만, 기술 인력이 부족한 외국인 회사에 얼마든지 취업할 수 있고, 성실한 모습만 보여준다면 취업비자를 내주기도 한다. 아무 기술 없이, 건축 현장에서 타일 작업 보조 역할을 하더라도 하루에 200~250불 정도는 벌 수 있다. 한 달이면 적어도 한국 돈으로 400만 원에서 500만 원을 벌 수 있다는 이야기다. 거기다가 호주에서의 건축일이란 아침 7시에 시작해서 오후 3시면 끝난다. 그 이후에는 학원에 다니면서 자신에게 필요한 지식과 기술을 습득할 수 있다. 의지만 있다면 자신이 원하는 것은 무엇이든 할 수 있는 여건이다.

초기에는 영어를 배우기 위해 각종 클래스에 입회하는 방법도 있다. 길거리를 다니다 보면 쿠킹 클래스 등 다양한 지역 클래스가 수강생을 모집하는 광고를 볼 수 있다. 용기만 있으면 언제든지 문의해서 가입할 수 있다. 그곳에서라면 취미생활을 하며 얼마든지 현지인들과 친구가 될 수 있고, 영어도 향상시킬 수 있다. 더 나아가 교회를 가더라도 한국인 교회가 아닌 현지 교회를 갈 수도 있다. 교회는 영어를 못한다고 사람을 쫓아내는 곳이 절대 아니다. 누구에게든 친절하게 대해 주고, 잘 모르는 부분이 있으면 알려준다. 이 역시 영어를 배우기에 최적의 장소라고 볼 수 있다.

나는 워킹홀리데이 자체보다 호주에서의 생활과 경험을 통해 앞으로 내 인생을 어떻게 만들어 나갈 것인가를 생각하는 것이 더 중요하다고 본다. 호주에 정착하지 않더라도 짧게는 1년, 길게는 3년이라는 시간 동안, 어떤 목표를 갖고 살아갈지 스스로 계획해보고 열심히 활동하는 것이 매우 중요하다.

강한 나라가 될수록
해외취업에 도전하라

'준비하는 사람에게 기회가 온다'라는 말을 많이 들었을 것이다. 나 역시 이런 신념을 지금도 가지고 있다. 사업적인 기회도 늘 준비하는 사람만이 쟁취할 수 있기 때문이다. 그런데 이 준비라는 것이 참 막연하게 느껴질 수 있다. 언제 준비를 하는 것이 적기인지가 다소 애매하다.

나는 늘 만나는 청년들에게 해외취업에 도전하라고 권한다. 그리고 청년들의 해외취업에 관한 한 지금이 '최적기'라고 생각한다. '코로나19 시대에 웬 해외취업?'이라고 반문할지 모르지만, 나는 오히려 지금이 최적기라고 말해주고 싶다.

참기름 먹는 호주 사람들

한국의 고소한 참기름은 세계 어디를 가도 다시 먹고 싶은 맛이다. 그런데 해외에서 한국 참기름 수입량이 대폭 늘어났다고 한다. 가장 많이 수입하는 나라는 미국이고, 두 번째가 바로 내가 있는 호주다. 뉴스에 따르면 2020년 1월부터 10월까지 참기름 수입량이 지난 해 같은 기간에 비해 40%나 넘게 많아졌다. 이 기간에 한국인 이주가 대폭 늘어난 것도 아니고, 평상시 먹는 양을 갑자기 훌쩍 뛰어넘었을 리도 없다. 바로 호주인들이 한국의 참기름을 좋아한 덕분이다. 한국 드라마나 대중음악의 인기는 쉽게 이해하겠는데, 이런 소스까지 호주인의 입맛을 사로잡았다는 사실에 매우 놀랐다.

뿐만 아니라 호주의 '옵터스' 채널에서도 K리그의 경기가 방영됐다. 축구를 좋아하는 나 역시 놀랄 일이었다. 어떻게 보면 대단한 이야기가 아닐 수도 있지만, 이는 현재 한국의 위상을 보여주는 단적인 증거들이라고 할 수 있다. 그런데 참기름과 축구가 인기를 누리는 사실에 한 가지 공통점이 있다. 바로 코로나19로 인한 반사작용이라는 점이다. 호주에서도 코로나로 사회적 거리 두기를 하면서 집에서 밥을 해 먹는 사람들이 늘고 한국의 축구 시합까지 방영하게 되었다는 점이다.

사실 코로나19가 유행한 초창기만 해도, 나는 이것이 한국 청년들의 해외취업에 큰 방해가 될 것이라고 생각했다. 나도 해외취업을 통해 인생을 개척해온 사람이지만, 이런 상황에서는 청년들에게 해외취업을 권하고 싶어도 할 수 없다고 여겼다. 하지만 코로나19가 장기화될수록 한국의 주가가 높아지고, 'South Korea'를 기억하는 외국인들이 많아졌다. 내가 처음 호주에 왔을 때와 비교해도 한국을 언급하는 주변 사람들이 부쩍 늘어났다.

앞에서 준비하는 사람에게 기회가 온다고 했지만, 언제 준비를 해야 하는지는 모호하다고 말했다. 그 기준을 가늠하려면 주식 시장을 잘 살펴보면 된다. 주식을 사기 가장 좋을 때가 언제일까? 바로 주가가 최악으로 떨어졌을 때이다. 비록 주가는 떨어졌지만, 그때부터 주식은 무섭게 상승할 채비를 마쳤다고 볼 수 있다. 그다음은 반등만이 남아 있기 때문에 이때 주식을 사면 높은 이익을 얻을 가능성이 높다. 해외취업을 준비하는 것도 마찬가지이다. 해외에서 인재를 데려오지 못할 때, 해외 인재들의 씨가 마른 바로 지금이 곧 봇물처럼 터져나올 인력 수급에 올라타는 지름길이다.

한국 청년들은 그 자체로 개별적인 한류이기도 하다. 그들은 지금 한국의 위상을 만들어온 문화적 DNA를 고스란히 가지고 있는 사람들이다. 한류를 뒷배경으로, 개개인의 똑똑함과 성실함을 어필한다면 한국 인재는 어느 곳에서나 환영받을 가능성이 크다. 특히 호주는 현재 코로나19 이후 임시 거주 비자, 학생비자, 워킹홀리데이 비자 소지자들이 본국으로 돌아가 산업 전 분야에서 인력난이 심각한 상황에 처해 있다. 정부는 부족한 인력난을 해소하기 위해 다양한 방법으로 이민의 길을 터주려 하고 있다. 이런 기회를 잘 활용한다면 어렵지 않게 해외에 정착할 수 있을 것이다.

새로운 나, 새로운 기회의 발견

나는 수처작주隨處作主라는 말을 좋아한다. 어디를 가더라도 주인공으로 살아가라는 뜻이다. 해외취업을 꿈꾼다면, 해외의 문화와 언어에 대해 두려움을 갖기 이전에 바로 이 수처작주의 자세를 가질 필요가 있다. 이 말은 곧 나의 가치 있는 삶이 시작될 수 있는 곳이라면 그 어디나 '나의 땅', '나의 나라'라는 자세를 가지는 일이다. 이렇게 하면 현재 자신이 있는 곳을 더욱 사랑하게 되고, 자신의 일에도 더욱 집중하는 자세가 길러진다.

해외취업의 또 다른 장점은, '이제까지 발견하지 못한 나'를 발견할 수 있다는 점이다. 달리기만 하던 달리기 선수가 그간 하지 않던 수영을 하게 되면 또 하나의 능력을 장착하게 된다. 숨겨진 수영 능력도 발굴하고, 달리기와 수영을 겸하는 철인 3종 경기에 도전하고자 하는 마음이 생길 수도 있다. 한국에서 동일한 패턴에서만 살아간다면, 이처럼 낯선 환경에서 발현되는 자신의 모습을 발견하기가 힘들다. 그 생활이 너무 익숙하기 때문에 다른 것을 하고자 하는 의욕이 생기지 않을 수도 있다. 그러나 열린 마음으로 새로운 문화를 알아 나간다면, 마치 다시 어린이가 되어 처음 그 나라의 문화를 습득하는 것처럼 즐거움을 얻게 된다.

어떤 의미에서 새로운 기회는 '무한대'라고 해도 과언이 아니다. 만약 영어권으로 진출한다면, 지금 당신이 가는 미국 혹은 호주라는 한 나라가 중요한 것이 아니다. 좀 더 정확하게는 '영어권의 모든 나라'로 향하는 기회가 생긴다. 호주에 있으면서 미국인과 인연을 맺고 나중에 미국으로 진출할 수 있으며, 호주에 거주하는 영어를 말하는 독일인과도 교제할 수 있다. 단지 자신의 머무는 곳이 아닌 '영어를 쓸 수 있는 모든 나라'로 진출하는 것과 크게 다르지 않다.

해외취업은 단순히 한국에 일자리가 없으니 해외에서 일자리를 찾으라는 의미만은 아니다. 한국에서 충분히 준비된 인재들이 자신의 영역을 무한대로 확장하는 것이며, 이제껏 알지 못했던 또 다른 문화, 비즈니스 스타일을 배우는 일이다. 그리고 젊은 시절 쌓은 이러한 지식과 지혜는 나중에 창업을 할 때도 큰 도움이 될 뿐만 아니라, 다시 한국으로 돌아와서 창업할 때도 도움이 된다. 가령 베트남의 문화를 잘 알고 베트남어를 하면, 베트남을 대상으로 한 한국에서의 창업도 얼마든지 가능하기 때문이다.

세계 속에서 급부상하는 대한민국의 모습은 청년들에게도 큰 기회로 작용할 것이다. 그리고 이러한 기회는 이미 시작되고 있다.

우리는 자신이 베푸는 것보다
훨씬 많은 것을 받으며
살아가고 있다는 것을
잘 깨닫지 못한다.
감사하는 마음을 가질 때
삶이 더 풍요로워지는 법이다.

_ 디트리히 본회퍼

결핍이 만들어준
플러스 인생

나는 '우발적인 인간'이었다. 철저하게
계획하거나, 순차적으로 뭔가를 행동으로 옮길 수 있는 인생
을 살아오지 못했다. 누군가 계획에 따라 차근차근, 전략적으
로 행동한다면 그는 나름 안정적인 기반을 가진 사람이다. 시
간을 버틸 힘이 있고, 목표에 이르기까지 활용할 수 있는 가
용자원이 많은 사람이라는 뜻이기 때문이다. 그러나 그렇지
못한 사람, 지극히 열악한 상황에 처한 나 같은 사람은 어렸
을 때부터 무엇인가를 계획한다는 것이 익숙하지 않았다. 하
지만 충동적이거나 감정적이라는 의미는 아니다. 우발적으로
살아가는 사람은 자신에게 주어진 아주 조그마한 기회라도

잡기 위해 발버둥 치는 사람이다. 그래서 일단 기회라고 생각되면 그것을 반드시 잡고 싶어 한다. '무엇이 더 좋은 기회일까?'라며 비교 분석할 여유 자체가 없다. 다른 기회가 없기 때문이다.

회사에 다닐 때 파푸아뉴기니로 해외 근무를 자청한 것도, 퇴사를 한 것도, 다시 파푸아뉴기니와 호주로 떠난 것도 모두 대단한 계획의 실천도 아니었고, 목표를 위한 전략적 걸음도 아니었다. 당장 눈앞에 보이는 기회가 그것밖에 없고, 그것이라도 잡기 위해 최선을 다한 우발적인 삶의 궤적일 뿐이다.

마이너스가 플러스를 끌어당긴다

흙수저와 금수저는 결국 '다양한 선택지의 차이'가 그 본질이다. 금수저는 주어진 것이 많으니 그것을 조합하거나 응용해 여러 가지 중 하나를 선택할 수 있다. 그러나 흙수저는 그럴 여유 자체가 없다. 어쩌면 생존이라는 단 하나의 선택지만 있는 상황이다. 그런데 선택지가 많다고 반드시 옳은 선택을 하고, 그 선택이 전부 성공으로 연결되는 것일까? 반대로,

딱 한 가지 주어진 선택만 한다고 해서 실패 가능성이 더 클까? 물론 사람마다 여기에 대한 답도 다를 것이다. 선택지가 많다고 모두 성공하는 것은 아니지만, 분명 선택지가 많은 금수저가 더 행복하게 살아가기도 한다. 반대로 현실은 곤궁했지만, 상황을 돌파해낸 사람도 얼마든지 있다.

직장생활을 할 당시, 미래에 대한 고민이 더해질수록 회사에서는 더 이상 비전을 찾기가 힘들었다. 흔히 말하는 한계가 보였다. 내가 오를 수 있는 길은 한정됐고, 그나마 그곳에 이르면 절벽이 나타날 게 뻔했다. 가보지 않아도 알 수 있었다. 지금 직장생활을 하는 많은 사람들이 나와 비슷한 고민을 하고 있을 것이다. 내가 아무리 열심히 해도, 이미 구조화된 시스템 안에서 내가 움직일 수 있는 공간은 그리 크지 않다. 그래서 직장인은 새로운 탈출을 꿈꾸곤 한다.

되돌아보면, 나는 참 마이너스가 많은 사람이었다. 어릴 때는 부모님 곁에서 관심을 받으며 자라질 못했고, 청소년기에는 충분한 뒷받침을 받지 못했다. 경제적으로나 정서적으로 결핍이 많은 성장기였던 셈이다. 사회생활을 할 때도 주류에 들지 못하고 늘 주변인으로 서성거리는 인생이었다. 심지어 일을 그렇게 열심히 했음에도 불구하고 평판이 좋지 않았다. 내가 선택하지도, 계획하지도 않은 인생이 늘 이렇게 '마이너스 꼴'인 것이 처음에는 화가 나고 힘들었다. 그러나 미처 몰랐던 것이 있다. 바로 마이너스는 플러스를 끌어당기는 법이라는 것을. 이것이 결핍의 힘이다. 마이너스의 힘이 강할수록, 플러스는 더 많이, 빠르게 당겨져 온다.

결핍은 때로 포기를 부르기도 한다. 어떻게 보면 포기는 참 쉬운 선택이다. 그냥 놓아버리면 더는 생각할 필요도, 마음을 다잡을 필요도 없기 때문이다. 새로운 꿈을 꾸며 계획할 필요가 없기 때문에 부담스런 책임감을 느낄 필요도 없이 홀가분하다. 어쩌면 매우 유혹적인 선택이기도 하다. 그러나 인생의 선택에서 포기가 많아진다는 것은 그만큼 자신의 통제권이 조금씩 사라진다는 의미이다. 포기하는 순간, 자신의 주도권을 상황에 맡겨버리는 것이기 때문이다. 그러나 통제권이 없는 삶은 더욱 위태로운 삶일 수밖에 없다. 늘 휘둘리고 쫓겨가야 하고, 원하는 것을 할 수 없기 때문이다.

바다의 포식자인 상어는 날카로운 이빨과 엄청나게 빠른 속도를 자랑하며, 최강자의 자리를 지키고 있다. 그런데 상어에게는 한 가지 결핍이 있다. 바로 물 속에서 쉽게 뜨고 가라앉을 수 있게 해주는 부레가 없다는 점이다. 그래서 상어는 생존을 위해 끊임없이 몸을 움직여야만 한다. 한마디로 '죽기 싫으면 계속 움직여야 하는 상태'에 처한 동물이기도 하다. 그러다 보니 잠을 잘 때조차도 움직여야 한다. 그러나 이러한 움직임 덕분에 빠른 속도를 자랑하고, 먹이를 강하게 무는 힘도 기를 수 있었다. 결핍과 마이너스가 오히려 플러스를 만들어 냈다는 이야기다.

누구에게나 결핍이 있다. 경제적으로든 감정적으로든, 관계에서도 결핍이 존재하지 않는 사람은 없다. 하지만 문제는 그것을 어떻게 바꾸느냐는 점이다. 바로 그런 점에서 결핍 투성이 인생을 살았던 내가 한계를 딛고 성장에 이르기까지의 이야기가 많은 독자들에게 힘이 되었기를 기대한다.